尺寸

千里远景，如在尺寸之间。

绿岛家书

1957—1960

楊逵 著

中国工人出版社

序（一）

一个支离破碎的家

杨　建

这真是一个令人惊喜的机缘，这批失落多年，连父亲都已经遗忘而从未提起的绿岛家书，能够由仁人君子自动送回，并且在向阳先生的鼎力相助下，肯允于报端披露，向读者揭示杨逵的另一面——最基本、最自然无伪的亲情的眷注和关爱。

这批家书所涵括的时间断限是从一九五七年到一九六〇年，内容则是对处在窘困的生活环境中的家人予以劝慰和激励。这些家书绝大部分未曾寄发，我乍一接到，当晚挑灯夜读，前尘旧事纷纷涌来，一来可以想见父亲在当时严格的通信字数限制下，不能如愿地将这些关爱寄达家人手中的悲愤之情，二来也可以知道，父亲是想利用书信体的形式，来记下他漂离在外的所思所感……

阳光亮起的时候，我抱着教科书站在讲台，面对着一群不知所以的学生，眨着酸涩的双眼，脑中仍然盘桓着父亲朴拙的字体，内中蕴藏着那股丰厚的爱和希望，纵使在最艰苦的环境中，他仍然天真，并且对生命充满了热情。

是的，如果读者诸君了解了这些家书的时空背景，必然也会感动于父亲的天真和热情。

一九四八年底，父亲与当时台湾电力公司台中区营业管理处经理叶可根先生几经交涉下，将一块土地租来开垦为该公司的福利农场。一九四九年四月六日，房子都还没有盖好，父亲就因为起草《和平宣言》[1]一文，呼吁同胞互信互爱而锒铛入狱，远谪绿岛，开始了他长达十二年的孤苦生涯。另外，家中因为父亲的获罪也陷入了困境，大姊、大哥和我都辍学在家，继续父亲未完成的垦植工作。因为一时没有收获，家中又无分文积蓄，所以只得自己做酱油、豆腐，沿街叫卖，打零工，甚至上山盗取“国有官柴”回来卖钱，以维持生活。农园初期种些蔬菜和比较容易生长、容易换钱的草花类。妈妈最初向别的花园批发些花出去卖，自己的花园有了生产之后，也因为种类与数量都不多，不足以维生，一部分仍要向其他花园批发。

正当母子多人连糊口都成问题的时候，这块位于台中市北区大同路三十五号，向电力公司租来的土地，因为电力公司要收回以增建员工宿舍，限我们在年底前搬出去，交还土地。这是一九四七年中的事情，这件事对穷苦的我们而言，形同晴天霹雳，而父亲在家书中所提及的诸事，也从这年开始。身陷囹圄的父亲，对家庭的困境、家人的颓唐，用尽言语相劝相励，期盼大家携手扶持，共同走过这段悲惨岁月，等他返回台湾之后，新乐园便指日可望了。

然而自从交出电力公司这块土地之后，家中情形并未改观。大姊失去联络，不知落脚何方。妈主张在中部另寻一小块农地，借贷购买，搭盖一栋简单房子，继续经营花园，但是大哥因为穷怕了，不赞成贷款买土地，经常和妈闹意见，最后只身前往台北谋生。妈与小妹则在台中港路一段淡沟里淡沟巷贷款新买了一块土地，仍然经营花园，卖花为生。

一九四八年一月底，父亲曾一度被借提到台北。在新生北路一栋别墅里，与一位长官和一位老士兵同住。据父亲说，是“当局”认为他对日本熟悉，想派他到日本工作，但父亲因为许多冲突而未曾应允，于五月初又回到绿岛新生营，继续执行未完的刑期。

4

除了这段小插曲之外，一九五七年到一九六〇年间，家中情形一如往昔。人人都在窘困的环境中冲撞、挣扎，企图走出一条路来。大姊有了音信，人在花莲车站当厨师，不久搬到台北；大哥则是台中、台北、高雄、罗东四处转徙，当过园丁、做过木工；二妹从师专毕业，已分发任职；小妹考取家职，继续求学；而我则从三餐不济的大同工专生涯中脱身，入伍受训，一度任职高雄兵工厂电机工程官，待遇不错，暂时改善了家中困境，退伍后则在高雄大荣铁工厂担任电器修护工作。

但是这一连串的变动，致使家中每个分子各自投入生活，各自与环境搏斗，容或稍有助于家庭，也是微不足道。妈妈仍然每日卖花糊口，债务和利息像滚雪球一样，担子愈来愈重。

家中恒是这般。而在绿岛的父亲在这期间也曾旧病复发，我们断断续续地寄去一些药，这便是这批家书的背景。父亲为理想而受罪，古时有所谓“株连九族”，而我们虽然没有一起牵连入狱，却在现实生活中到处碰壁，亲友走避，人情冷漠。我们知道，在这个矛盾的时代中，身为一个政治批判者的家属，需要更大的觉悟和勇气。

在最艰苦的时候，我们对父亲不是没有过怨尤，不是不曾艳羡过正常家庭的天伦之乐。父亲平静地辞世时，我的心情仍然交织着矛盾，有悲痛，也有不解。翻看这些家书时，第一次觉得父亲的爱像阳光一样暖热了我的心，它们虽然含蓄，却如此真实。是的，什么宇宙大爱、社会关怀，如果不能从最近身开始，则只是一些经过包装的装饰品，聊以自慰欺世而已。

1　按语：《和平宣言》，1949 年 4 月 6 日，由作家杨逵起草发表。主张和平解决国共内战，并要求国民党当局释放“二二八事件”中的被捕者。杨逵因此被逮捕入狱，获刑 12 年。

序（二）

阳光一样的热

——读杨逵先生《绿岛家书》　　向 阳

一

在沉埋二十多年后，杨逵先生写于一九五七年至一九六〇年之间的《绿岛家书》，终于重见天日了。

《绿岛家书》是杨逵先生系狱绿岛期间写给家人，而绝大部分未能寄出的信稿。这些信中流露了一个父亲对子女的关爱，居然要等到这个父亲离开人世后，才被他的子女及家属所读到。不能不说是人间一大憾事。

杨逵先生自一九四九年因发表《和平宣言》以六百多字系十多年牢灾，但终其一生，宽恕和平，一直未曾就他在绿岛的遭遇、生活有过任何埋怨或言说。我们所熟悉的“绿岛杨逵”，从来只是在营区中跑五千米、在狱中《新生》月刊继续写作的“受刑人”；至于他受刑期间的所思、所想、所忧、所烦，则未曾与闻。《绿岛家书》的出土，浮凸了这位深富“马拉松精神”之勇者的毅力，也印证了他“雷公打不死”的开阔胸襟，而又特别深刻地呈现了杨逵先生，一个作家，在人生灾厄之前、家庭变异之下，澄明的思虑与温热的爱——这样的狱中家书，像一把微火点燃在绝望的黑牢而永不熄灭，却未能在杨逵先生生前传递给他至爱的子女，这岂不是造物者的不仁吗？

对杨逵先生的家人，特别是家书中被“点名”到的主角们来说，一直要等到杨逵先生逝后、有人送回他们父亲的家书，才能一睹二十多年前父亲的关爱，举头望天，大概也有“彼苍者天，谒其有极”的悲喜之感吧。诚如杨逵先生次子杨建先生在《一个支离破碎的家——写在先父〈绿岛家书〉刊出之前》（一九八六·十·十八、《自立晚报》副刊）所言：

这些家书绝大部分未曾寄发，我乍一接到，当晚挑灯夜读，前尘旧事纷纷涌来，一来可以想见父亲在当时严格的通信字数限制下，不能如愿地将这些关爱寄达家人手中的悲愤之情，二来也可以知道，父亲是想利用书信体的形式，来记下他漂离在外的所思所感……

是的。这些书信的确是记下了杨逵先生系狱时的思虑，然而对于“因为父亲的获罪也陷入了困境”“对父亲不是没有过怨尤”的杨逵家人，既未能在杨逵先生生前释尤，也未能在杨逵先生辞世前对自己的父亲有更深入的了解，则《绿岛家书》的沉埋，也就无妨视为“绿岛杨逵”的沉冤。这位一生为了民主自由奋斗不懈的勇士，生前受冤，死时含悲，如此辛酸，使我们展读他所留下来的家书时，也不得不为他抱憾！

万幸的是，家书虽然沉埋多时，还有出土之日。在杨逵先生入狱（一九四九年）三十七年后，在杨逵先生一字一字写下《绿岛家书》（一九五七年起）二十九年后，在杨逵先生出狱（一九六一年）十五年后，在杨逵先生逝世（一九八五年）一年后——时光居然如此飞逝——《绿岛家书》终于还是回到了杨逵先生家人手中，并通过杨建先生的整理，在一九八六年十月十八日，由《自立晚报》副刊推出，受到了众多读者的注目，不仅使杨逵先生生前的爱与热（不该迟来而迟来的）烛照了杨家，也辉耀了这个依然纷乱的年代。

二

杨逵先生的《绿岛家书》，原来写在25开横条笔记本上。从一九五七年十月十二日写起，至一九六〇年十一月十八日止，前后逾三年，总计为一百零七封。从泛黄的笔记本上来看，这些“家书”推测是杨逵先生所写的草稿，字迹时而整齐、时而零乱，有增有删、也有画了增补线却未补入之处；有“退回”字样、也有“不发”的注明；每封信有专门写给的对象（如“亲爱的陶”“亲爱的绢”……），并有写给非特定对象的（如“亲爱的孩子”“陶、绢、碧”……）；每封信都注明写信月日，有不署题目的，也有特别写上标题的（如“人生的意义是什么”）——凡此种种，跟随着时序的推衍、心绪的起伏、事件的切入、字迹的急缓，都让人感到在薄薄的笔记本中翻腾着的，是一个父亲在有家归不得的情况下，急切地发出了对受伤的家庭的祷祝，却又无力而彷徨。

例如，在一九五八年一月十二日写的长信“人生的意义是什么”中，杨逵先生就向“亲爱的孩子”自责：

近来你的信都充满着悲观、忧闷、颓丧的气氛，叫我很担心，也觉得很惭愧。十年来，我未能尽到做一个爸爸应尽的责任，才让你们兄弟姊妹，特别是你，吃得太多的苦了。……

小雏们刚出蛋壳，需要的是母鸡用翅膀来防护、来温暖，也需要母鸡帮其觅食、带头找路的。在这个时候，你才十几岁的时候，就让你带着幼小的弟妹们在冷酷的环境里奔波，就是钢铁做的心也会痛的。这是我生活历程中唯一的遗憾。

这种自责，正是一个为人父者最大的悲哀与痛苦。而杨逵先生写下家书的这段期间内，杨家的情况也是最陷于困境之际：

正当母子多人连糊口都成问题（注：杨逵先生入狱后，家无积蓄）的时候，……向电力公司租来的土地，因为电力公司要收回以增建员工宿舍，限我们在年底前搬出去，交还土地。这是一九五七年中的事情，这件事对穷苦的我们而言，形同晴天霹雳，而父亲在家书中所提及的诸事，也从这年开始。身陷图圄的父亲，对家庭的困境、家人的颓唐，用尽言语相劝相励，期盼大家携手扶助，共同走过这段悲惨岁月……（引杨建《一个支离破碎的家》）

两相比对之下，杨逵先生在身陷图圄中对家庭的困境与家人的颓唐所做的“用尽言语相劝相励”及其“很担心，也觉得很惭愧”的心境，即使在事过境迁的今天来看，也令局外人为之鼻酸。

但杨逵先生基本上是个“逆风何所惧”（引一九五九年六月十四日家书）的乐观主义者，在《绿岛家书》中，除了家务的叮咛之外，他谈的最多的，就是“乐观”两个字。他生前喜欢以“愚公”自喻，乐于提及他在绿岛长跑、游泳之事，在家书中，他也不断提醒着他孤雏般的孩子们，“就算我们是乌龟吧！让我们自强不息有始有终干下去”（一九五七年十一月十五日）、“有用之材，就是一支针，一把剪子也是好的，何必一定要做栋梁呢”（一九七五年十二月二十日）、“只要你的学习与工作能够使你自己快乐，人人快乐、永久快乐，那么你的生活便是挺有意义的了”（一九五八年一月十二日）、“做人不必怕苦、怕难，只要不灰心，意志坚定，终究我们是可以开拓一条光明大道的”（一九五九年二月一日）、“一次失败一次巧——唯有永远不灰心的人才能了解这一句话的真意义”（一九六〇年十一月十八日，家书最后一封）……如此坚强不屈的信念，大概也是杨逵先生一生没有绝望过、不会被击倒的“能源”吧！

是的，杨逵先生生前对于他自己这种“能源”也十分自信。一九八三年他接受《自立晚报》方梓的访问，在简述了一生的奋斗之后，他的结论是这样的：

这一生我的努力，都在追求民主、自由与和平。我没有绝望过，也不曾被击倒过，主要由于我心中有股能源，它使我在纠纷的人世中学会沉思，在挫折来时更加振作，在苦难面前展露微笑，即使到处碰壁，也不致被冻僵。

整本杨逵先生手写的《绿岛家书》辉耀的，正是这种“能源”。它是杨逵先生在一生最黑最暗最沉最闷的阶段中，仍然放光放热放亮放爱的动力所在。《绿岛家书》不仅亲切而翔实地记录下了绿岛杨逵的真实形象，尤其显印了一个乐观主义者的胸怀。它像阳光一样，不仅发自一个受难者开阔的方寸之中，引领着在颠沛长路上行走的受难者家庭，尤其可能照亮颓唐的时代，温热坎坷人生中的失意者仆倒而又爬起！

三

这样的家书，不该只是杨逵先生家属的纪念物，它是整个社会都可以共享的心灵资产；这样的家书，虽然冠名“绿岛”，也绝不只是一个受刑人自励自勉的笔记，它还是所有在人生路途上正在前进、或陷于困顿的人都可以汲取使用的生命能源。

因此，当杨逵家属重获这本《绿岛家书》笔记而交给我拜读以后，我们便决定在《自立晚报》副刊加以连载。我在下班后的子夜里，一页一页翻读着由杨建先生整理加注的《绿岛家书》，感觉到我所认识的杨逵先生，似乎就像每次与他见面一样，用他枯瘦而有力的指头，为我细说日记中的一切。他的声调温和而坚定，眼光沉着而闪着希望的光芒，觍为杨逵先生晚年的“小朋友”之一，我读着读着，不自觉鼻酸了起来……

《绿岛家书》后来又由魏贻君兄整理过一次，并加上适切的提要标题，在一九八六年十月十八日，杨逵先生八十一岁冥诞之日，开始在自立副刊连载推出，至同年十二月二十四日全文刊完，历时二个月有余。杨逵先生在绿岛的晦暝生活及其坦荡胸怀，这时才尽铺于读者眼前，并普遍受到各界读者的重视与回响。

《绿岛家书》由零散的报纸到严整的书本，杨逵先生的信念、爱心与希望，总算有了一个汇聚的所在。对研究杨逵先生的专家学者而言，《绿岛家书》无疑是研究杨逵先生人生思想最集中的资料。对喜欢杨逵先生的读者来说，《绿岛家书》也是在杨逵先生死后与他“亲炙”的唯一方式了。但最重要的是，对现在以及将来都得面对人生考验的我们，《绿岛家书》从最黑最暗处放出的光热，才是值得我们取用不尽、效法学习，并实践力行的能源！

连死后也都发出阳光一样的热，来温暖仍得不断前进的人。杨逵先生，您可以无憾矣。

一九八七年二月二十日，南松山

目录

2

10

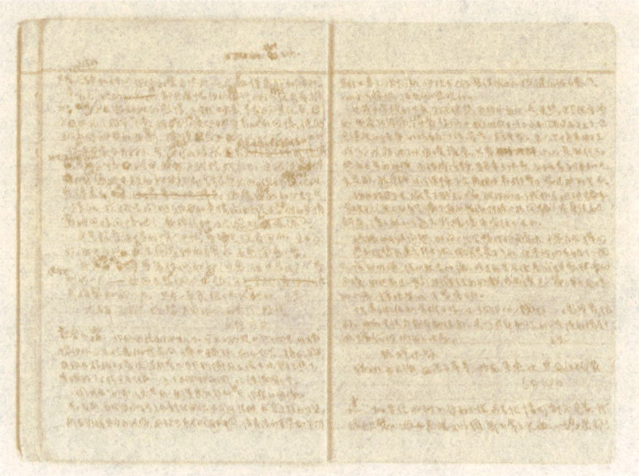

这些家书，原本是写在25K的横条笔记本上，一直等到杨逵过世一年后，才回到家人的手中。

1

要尊重别人的意见

亲爱的陶[1]：

七日的信收到了，的确家里以及环境上的事情我都不太清楚，关于儿子的婚姻问题也是一样[2]。

无论怎么样，儿子的终身大事应让儿子自己去做决定，我们有意见只可以给他做参考，不能强迫他——这原则我认为是不会错的。你说他忧悒喝酒，应给他娶妻就可以得到安慰，这想法未免太简单了。

年轻人都有他自己的事业上、学问上的志愿的，这些志愿哪里能以结婚来解决？我们不是常常看到因匆促与被迫的结婚而使年轻人脱不了桎梏，苦恼终身吗？千万不要勉强。

你向来就有喜欢发号施令的老毛病，经常说着“你要这样、你要那样”！这是不对的，一定要改过来。我们都要尊重

---

① 叶陶：杨逵之妻，生于一九〇五年，殁于一九七〇年八月一日。因追随杨逵为台湾民主运动而认识，一九二九年于台南狱中结婚。

② 一九五七年，台湾电力公司催讨杨家唯一赖以维生的花园耕土，因此，杨逵的长子杨资崩着急而经常闹情绪，叶陶为了缓和他的恶劣情绪，所以想以婚姻来激励他。

别人的意见，就是儿女们的意见也不能忽视，太固执成见是不行的。

你说，再有朋友来说亲的时候，你要把女孩子的照片寄来，这是用不着的，因为我不是相命师，无法从相片上看出一个女孩子的性格与嗜好。而这些倒是白发偕老最要紧的条件。神经质的与不守约束、不负责任的结婚；喜静的与麻雀小姐的结婚，使我想起来就害怕。你千万不要为这问题着急而勉强他、强迫他，这会造成无法挽回的大错，使儿子终生脱不了苦难而受罪的，也是造成家庭不安与不愉快的主要原因，他会想要离家谋生的原因也是在此。等他来到，我会劝解他的，但你也要经常保持镇静。

祝

安好

一九五七·十·十二

亲爱的小媒婆

亲爱的绢[①]：

大哥在这里很高兴地玩了几天，今天乘船回去了。

我想给你一个重要任务，相信你会乐意担任，也会愉快胜任的。由你妈的信与大哥的谈话，我知道最近他们那些摩擦都是由大哥的结婚问题引起的，我们应想办法来打开这僵局。你妈想经媒人的手，你大哥不愿意，但因工作太忙，又没有找到机会的可能，使你妈妈着急。

现在你的任务便是在大哥与何家小姐之间当酵母，努力地酿出芳醇的美酒来[②]。

锡三叔婶[③]一直很疼你们，十几年来，你们同他们儿女们相处得也很好，互相的性格与嗜好都有深切的了解。只要何小姐没有已定的对象，由你来促进情感的发展是没有困难的。你

---

① 杨素绢：杨逵的次女。

② 何家小姐乃林锡三先生的外甥女。杨逵要达成叶陶对杨资崩婚事的早日促成，所以提议要杨素绢为他大哥当小媒婆。

③ 林锡三夫妇是住在台中市大同路存义巷十二号的隔邻，是杨逵夫妇被捕以后，唯一最照顾他（她）子女的友人。

可以时常请大哥带你去同何家儿女们玩，如爬山、游泳等，制造接触的机会。这类的技巧，我相信你从书本上已经有些心得。有问题我与你妈也可以当参谋。

这意思你可以告诉妈妈，征求她的意见写来告诉我，但暂时不要告诉大哥。因为他辍学以来一直在做苦工①，免不了有一点自卑感，害怕人家会瞧不起他的。其实，大哥在家读的书已经不少了，他的学识与大学毕业生比较，并没有逊色的。因此我们也应想办法来打消他的自卑感。

我当面叫他找时间翻译写些儿童故事与园艺技术投稿，他已经答应了。等明年，你与二哥都毕业了，家计由你们二人负担，让大哥进台大或者师大夜间部就学，他也点头了。

他自己的学费由他自己想办法，半工半读是没有问题的。这计划你可以公开宣布出来，以纠正有些人对他的错误看法，进而鼓励他。这样他便可以打消自卑感，提高乐观积极的情绪，加以小媒婆的热诚，我相信一定会成功的。你随时把何家小姐的近况、情性、嗜好等详细告诉我吧，以便计划次一步骤。

亲爱的小媒婆，当你完成这一任务的时候，我可以保证

---

① 一九四九年四月六日，杨逵被捕以后，原就读于台中二中初二的杨秀俄、杨资崩和台中市中一年级的杨建都辍学，经营花园，做杂工维持生活，过了十一天，叶陶和杨碧才开释回来。翌年九月杨建在叶陶的鼓励下又复学。

“媒礼”是丰硕的，一定会叫你高兴地蹦跳起来叫好。

祝

快乐

一九五七·十·二十六

愚公和乌龟

亲爱的孩子[①]：

七日的信收到了。你千万不要灰心，只要保持住信心，所有的难关都可以克服，事业终会成功的。你听人家说过乌龟与兔子赛跑的故事吗？就算我们是乌龟吧！让我们自强不息有始有终地干下去。

我们的运动大会于本月五日揭幕，记录了许多优异的成绩，七日圆满结束了[②]。

你妹妹来信说：我要参加游泳赛，又要跑五千公尺，她觉得很稀奇，不敢相信。她知道我在家时是不会游泳的，也未曾看过我参加赛跑，难怪她会觉得稀奇不敢相信。可是游泳是你同我赛过的，可不会再有怀疑了吧？至于五千公尺赛跑，因为你急于回家未能等着亲眼看到，这里却有报道，快报、画报，还有我跑进终点的相片、领到的锦标，都是真凭实据，你可以

---

① 这一封信，主要是对杨资崩的安慰与鼓励，附带给他们五兄弟姊妹以“自强不息”的赠言。

② 绿岛新生营每年有定期的营区运动会，杨逵以五十三岁老人的身份，参加了五千公尺长跑与游泳比赛。

向她保证，爸不是吹牛。

固然我的成绩是倒数第一，但这并不叫我灰心。因为这一次比上次进步了，下次还要进步的。

在我将要开跑的时候，许多朋友都替我担心，说落伍不要紧，恐怕动起担架来就糟了；也有人说：老羊也许可以勉强跑到终点，跑完之后是否想来请一个月的假。我很高兴他们都没有猜准。

我不仅保持着一定的速度跑完五千公尺，最后还能有油可加，跑了半圈的快步进终点。不但没有劳烦大家拿出担架来，至今还是照常吃饭，照常工作，从这一点你们是可以放心的了。

由这一次的测验，我更加强了生活的信心，因为我的马拉松精神被证实是不错的了。这精神在体育方面使得通，在生活方面也使得通，在一切学问与工作中，我都相信使得通。

马拉松精神是什么呢？就是乌龟的精神，也是愚公移山的精神。

只要经常有准备，沉住气，自强不息，有始有终，便不怕没有才能，没有本领，事业终竟是可以完成的。

我幼小的时候，人家都叫我“阿片仙”，一年二百五十几天总是病，躺在床上的日子多。三十岁前后又因工作关系患过肺病，生活的难关不知道碰上过好多了。但现在五十三岁，我还能够跑五千公尺而绰绰有余，你说还有什么可以灰心的？以你强壮的身体来说，不是更可以乐观的吗？

不要急功，慢慢地来，失足时警惕一下就行了。宇宙间没有什么东西可以把我们的命运注定的。我想贡献给你“自强不息”四个字。这是我领到的锦标上所题的，我相信我们都需要它。

祝

平安快乐

一九五七·十一·十五

我是雷公打不死的

亲爱的资崩[1]：

七日的信收到了，因你好久没有来信，叫我很担心是否途上出了什么事故。如今得悉你已平安回到家里，我才放心。但你信里充满了颓丧的气氛，我还有一点不明白。如你所说，近来工作很少，难得一月半月有点空来看书，休息一下，何必就来忧闷呢？只要保持身体健康精神快乐，这一月半月的亏空，不是很容易可以抵补的吗？有什么可忧闷的？人生是不如意的，困难是免不了的，你应该放开衿怀、放长眼光，不要为这些小事情烦扰。我是雷公打不死的了，天大的事情也不能骚扰我的心，你有什么困难，有什么难于排遣的心事尽管照实告诉我吧！虽然不能为力，但总可以帮你想办法排忧解闷的。家里的柴米油盐与弟妹们的学费要紧，我要的东西暂时不要寄。

同封寄上画报、报道各一张，我领到的锦标上题的是“自

① 杨逵的长子杨资崩（一九三二～一九九八），曾在桃园大溪镇经营资生百花园，专营兰花之无菌繁殖。

强不息”四个字，很合我意，等有机会再寄回去。

祝

平安快乐

一九五七·十一·十六

我是多勇壮的

亲爱的资崩：

二十二日的信收到了。你好久没有来信，叫我很担心是否发生了什么事故，以后无论如意不如意，好消息、不好的消息，都没有关系，时常把你们的实际情形写来告诉我吧！

你在士林找到的工作还不错[①]，这样能够同弟弟住在一起，对于你们的学习与工作都是好的。如果工作不太紧张、不太累的话，你可以准备明年升夜间大学念一点书，充实你自己。

如找到适当的土地，全家搬过去我也赞成。你妈的脾气难改，为了减轻你精神上的苦恼，暂时让他们在台中住一下也可以。不过台中的花园可以废掉[②]，土地不要买了，房子也不要盖了，慢慢可以为台北农园做准备[③]。

---

① 因为台中所租的土地被取回，杨资崩无以维生，到台北找工作，结果在士林的百龄花园担任园丁的工作。

② 既然没有土地了，就不要勉强为买土地而继续经营、为没有钱而苦恼，所以说要废掉花园。

③ 杨逵曾经建议杨资崩在台北重建花园。

你曾说电力公司限我们到月底搬家，到底怎么样了[①]？

我一切都很好。五千公尺也跑得很顺利，现在寄去新生月刊[②]三运特辑一本，由此你可以看得出我是多勇壮的。

祝

平安快乐

一九五七・十二・七

① 向电力公司所租用的土地，限于一九五七年年底搬离交还。

② 新生月刊为“新生训导处”的定期营内刊物。

孩子请听我说

亲爱的资崩：

十二月一日与五日的信都收到了。你说要辞掉士林的工作，我觉得很可惜，只要谢君[①]与他的母亲需要你帮助，欢迎你，而你自己觉得你的工作确不辜负他们给你的薪水，能减轻农园一点亏空，你就依照他们的意见工作算了，不必坚持你的意见。你的意见等我们自己的农园办好后就可以拿来发挥。

你在士林工作有几点好处，回到台中是办不到的。

（1）阿建的住宿问题可以解决。

（2）你兄弟俩在一块，可以互相勉励，相辅相成，减少寂寞。

（3）早晚让阿建在园子里走动走动，可以调剂他的室内生活，增进健康。

（4）你可以准备明年进夜间大学深造。

（5）可以与文化界多一点接触，多交些文化工作的朋友，提高你在这方面的兴趣与信心。

---

① 谢君乃侯朝宗先生（后改名为刘启光）之妹婿谢新来，是士林百龄农园之园主。

（6）可以消除你的自卑感。（你不是时常觉得自己终身在苦工中混，比不上人家吗？）

（7）特别对于你计划的台湾抗日史编纂工作[①]，住在台北方便得多了。

关于全家搬迁的问题，那是将来的事，你不必因妈的反对就改变，这也不是几个月短期间就可以在那边弄出农园来的。你应该预先准备准备，譬如找主顾啦、觅寻土地啦，以及资本的积蓄都是需要一段时间的。等到一切准备妥当，人面也熟了，妈便不会再反对的。

你到士林工作的消息叫我很高兴，素绢来信也说这是一个很好的转变。你同阿建又都希望这样，便不要放弃这个好机会。这转机对于你、对于弟弟、对于我们将来的事业都是很好的，你可以再考虑一下。

台中的房子[②]既然盖了，就种一点木本的果树与花木，照顾比较容易，你不在家是没有关系的。

祝

安好

一九五七·十二·十五

---

① 杨资崩曾答应杨逵，要负责编纂《台湾抗日史》一书。

② 被赶出电力公司租用地之后，叶陶又借贷在现今台湾大道附近买了一块地，搭盖了一间竹片土墙屋。

理想之芽也该萌了

亲爱的萌：

新年又到了，正在这个时候你提高了文艺工作的兴趣，想要着手编纂《台湾抗日史》，我很高兴。为祝你有意义的工作的开始，我赠给你笔名“萌”。对于播过十多年的种子，种植过上百万棵花木的你，这个字的意义是不必赘言的。

那是多么蓬勃有力啊！

春天又到了，你理想之芽也该萌了。

十三日的信收到，小包（手表、打火机、眼镜、维他命）也都收到了。你既然辞掉了士林的工作回了家，也罢了。但我还希望你在不久的将来能够找到机会来达成你的愿望。

新春该是这个准备工作的好开始，利用搬迁与盖新房子的机会，你可以把你理想中的小模型建立起来。但不要太紧张，一定要保留些时间用在文化工作上面。工作是要配合的，偏了就不好。

弟妹们不久就可以毕业，替你挑起家庭上的担子来了，你可以轻松一下。

一九五七・十二・二十

我未曾落过伍

亲爱的绢：

二十六日的信收到了，又是大皮球，又是啤酒桶，真糟糕，要不要请大哥把门口加宽？会不会胀得大门口都不能进去？我想你还是多运动运动把身体弄得结实一点好。爸虽然瘦，身体却是蛮顽强的，近来常常早饭前上山砍草，我都未曾落过伍。

天天跑五千，骨硬皮肉坚，不怕寒流冻，不怕烈日煎——这是我的生活信条。

你参加故事演讲与单车赛跑都很好，我们不必争冠军，只要自强不息，继续把身体与精神都磨炼得坚强就行了。这样便是有用之材，就是一支针，一把剪子也是好的，何必一定要做栋梁呢？

亲爱的碧[①]、建、陶：

你们都好吗？在这个新的土地、新的房子、新的环境、新

---

① 杨碧：杨逵之幺女。

的春天之下，我希望你们都提起新精神来。

祝

新年快乐、笑声溢出家园。

一九五七·十二·二十

脚踏实地大步走

亲爱的萌：

十五日与二十日的信，还有二百元都收到。我十五日与二十一日给你的信你也收到了吧？现在我依然觉得你丢掉了一次好机会。假如你继续在士林工作，为改善你的精神生活，一定有很多好处的。不过事情已经过去了，不必再说，还是来谈谈将来好一点。关于你的出路，我经常在为你设想，放心好了。你说，你没有一项专门技术找不到工作，很寒心，其实，在园艺方面你的技术已经是很不错的。论每月收入，很多大学毕业的都比不上你，你不要把希望抬得太高。就我们的家境来说，也是不必的。

弟妹们快要毕业，不久便可以替你挑起这担子来了，很快你便可以为你自己的出路去开拓前程。

我觉得，我忧闷的原因并不在于物质生活，而是在精神生活的空虚感。我有一项远大的计划，回家之期也不远了，很快就可以实施，其中也有一份你高兴的工作。以后你不要在挣钱方面过分劳心劳力，应保留些时间看报刊、图书。目前的物质生活苦一点没有关系，等弟妹们毕业，你马上就去台北进夜间大学，在那里你可以学些基础知识，接触研究学术的气氛，结交些文化界的朋友。这一切为消除你的自卑感与忧闷的情绪都是必要的。

在那里你将会发现你高兴学的东西与有意义的工作，而能全神贯注下去，你便可以提起精神建立乐观的情绪来。

具体的步骤不是二三百字的信可以写得清楚的，但你有问题尽管详细写来，我将利用《新生月刊》同你讨论，这里有些朋友陷入这样不好情绪的时候，常来找我研究，都得到很好的影响。我相信一定能帮你找出你高兴走的出路来，以发挥你的智慧的。但你近来的情形好像有一点神经衰弱的样子，也应该好好地治疗。不能安眠、头脑纷乱、胡思乱想、精神不能集中、没有耐心——这一切都是神经衰弱的症状。

你拿来给我的中药药方[①]，还存着的话，马上买一服，每天吃一两次，很有效的。（没有的话写来告诉我，我随时可以再寄）这药可以加强内呼吸与新陈代谢，消除肉体与精神上的疲劳，使头脑清爽。我的经验是很不错的。我也希望你有机会

---

① 据说是提神之药方：只壳半钱，桔梗二钱，百合二钱，双白三钱，枇杷三钱，杏仁三钱，红花一钱，川贝三钱，水深三钱，午节三钱半，朱砂（辰砂）三钱，虎碧三钱，苏胆三分，苏木二钱，细辛二钱，花片五分研末。

的时候再寄一点来给我。

祝

新年快乐

二十五日寄给你的肖像与锦标收到了吧？

一九五七・十二・二十八

蚂蚁与拿破仑

亲爱的萌：

新年又过去了，你们都快乐吗？二十五日寄给你的肖像与锦标收到了吧？算是给你们的新年礼品，我相信你们都会高兴的。假如你的情绪还是不太好，那一定是神经衰弱，我同几位医生研究过你的情形，他们也认为是的。我也有几次经验，知道这是很苦恼的，要马上治疗才好。

上周告诉你的药，吃过了没有？没有的话，马上买一服试试看。医生说，打男性荷尔蒙针也不错，都可以试试看。

药物疗法之外，还要注意精神疗养，才好得快。

我们的家，现在比过去好得多了，没有什么可寒心的。你要把精神轻松一下，以求情绪的稳定。这毛病的原因是过度的精神紧张，不如意事太多了，想不开、走不通，以致处处受打击。所以，在现实环境之下办不到的事情不要去想，以自己的能力做不到的事不要去做，自然就会把精神集中于单纯的日常生活、工作与学习上，把它整理得有条有理，发现天天有进步，就会恢复信心。无论进步的速度怎样慢，就像蚂蚁一样也没有关系，这才是最可靠的办法，也是理想事业的坚实基础。

不要幻想，幻想愈大，失败的成分愈多，幻灭的打击也愈厉害，这是神经衰弱常会伴随的精神状态，也是使它愈陷愈深的因素。千万不要急。

人生好像长距离赛跑，我们这一次赛跑当中，就有一位青年性急的朋友，开始就拼命地跑，结果继不下去而落伍了，不能跑到终点。可见冲劲是不能持久的，耐久力最要紧。这才是自强不息的真义。前信你引拿破仑的狂妄之言，说你会这样做的，这是误解了我的意思。历史已经证明它是错了，违背了自然法则与历史法则的事情，终竟是不可能成功的。你不要急，可以把作息时间分配一下，每天工作时间不要超过八小时，两小时看书报，两小时学写文章、日记、书信。把你每天看到、听到、做到、学到的事情详细写来给我，你就会把你散漫的精神集中；整理得有条有理，要解决便容易了。这是医治神经衰弱最好的办法，也是开拓你的出路最坚实的基础。过去我给你的信，你可能有些误会了，现在可以整理整理，连贯再看一下，可能对你的问题有一点帮助。未能解决的问题，尽管写来让我们来研究研究。

祝

安好

一九五八·一·四

我会把笑声带回家

亲爱的萌：

二十五日寄给你的肖像收到了吧？我期待看你们高兴的消息，但你二十三日寄来的信却依然充满着悲观苦闷的呼声。我同几个医生朋友研究过你的情形，一致认为你有一点神经衰弱。这病我也有几次经验，知道是苦恼的，你要用心医治才好。上周告诉你的中药吃过了没有？马上买一服吃吃看。医生说打男性荷尔蒙针也有效，都可以试试看。

你说家里没有和气与温暖，我知道这是很难受的。不过我回家之期不远了[①]，你可以相信我一定会把你殷切期望的笑声带回去的。忍耐一下吧！

这病的原因是过度的神经紧张，不如意事太多了，想不开、走不通，再加上孤独寂寞，到处受打击，便会愈陷愈深的。所以，你在吃药与打针之外，还要力求精神之稳定。

以下我给你拟一个计划，希望你马上切实实行。如有觉得办不到的，或者在实行之后发觉是走不通的，你就把其具体情

① 此时距离杨逵刑期到期日一九六一年四月七日还有三年多，杨逵认为不很长。

形写来告诉我，以便重新研究。

以你的能力在现实的情形之下做不到的，不要幻想，把精神集中于日常的修养、工作与学习上，把它整理成有条理的，你便可以发现天天进步，可以恢复信心，这样做对于这病的疗养与找寻将来的出路都有益处。

（1）上半年把家园整理一下，种些容易管理的果树花木之类，准备弟妹们毕业后你就离开。

（2）下半年以后，家庭的担子让弟妹们挑一下①，你可以半工半读进夜间大学深造。找几个谈得来的朋友互相勉励是很要紧的。弟妹们不是都有他（她）们的朋友吗？改掉孤僻，你会找得到的。

（3）工作不要过劳，留些时间读书看报，写日记。注意把每天所学的、做的、想的写清楚，不要写空洞的感情。每周一次把那一周的经过情形详细写来给我，这样便可以把你散漫纷乱的精神慢慢整理成有条理的。有空的时候，把过去给你的信整理整理，连贯再看一下，把你可以做的记起来马上实行。有疑难的写来告诉我，以便检讨。

（4）我计划回去以后，经营一个农园（这里一位朋友有十甲土地在八堵火车站附近②）兼办出版。那个时候你可以选择你

---

① 杨建将于一九五八年七月毕业于大同工专。
杨素绢将于一九五八年七月毕业于台中师范学校。

② 这位朋友是杨逵在绿岛的同学，什么名字他没有提起过。

自己高兴的工作，如出版业务、编著、采访、农园管理等。现在你还没有找到你的兴趣所在，不必求什么专门技术之精，只要对一般社会常识与文化工作的基础学一学就行了。专门技术可以在工作中学到，但每天的报纸你一定要看。我们可以慢慢准备，千万不要着急。

祝

安好

一九五八・一・四

26

回家之期不远了

亲爱的绢：

新年又过去了，你们都过得快乐吗？

大哥来信说：你已经在试教，毕业之期快到了。我知道你的性格，毕业就职以后，可能会碰到许多难题，也许是你已经在害怕的，但希望你忍耐两年，与二哥二人协力把家庭的担子挑一挑。

我回家之期不远了，那个时候，一定能让你再进大学深造的。

由大哥的信看来，他似患着相当严重的神经衰弱症，他说“找不到出路很寒心”，思想散漫纷乱。

我想非让他换换环境是不行了。所以我叫他等你同二哥毕业之后，去台北半工半读进夜间大学。在那里，他可能会找到兴趣所在，也可以多接触文化工作的朋友，提提信心，消除自卑感与孤独感。

在他离家之前，希望能够把他的病治好一点，我写信告诉他几种吃的药与打针药，也告诉他切实写日记，把他散漫、纷乱的精神集中于日常的修养、学习与工作上面，整理成有条理的。你每次回家的时候，要劝告他严格实行，用心医治，并把经过情形写来告诉我吧！

他又说："家里没有和气与温暖"，可能是你妈的牛脾气时常发作吧？希望你代我请求你妈妈冷静一下，千万不要把大哥的病愈弄愈不得收拾。他现在正需要在和气、平静与温暖的环境里！放假天请他带你们去爬山玩球，可以提提精神也很好的。

祝

安好

一九五八・一・四

精神食粮不可缺乏

亲爱的萌：

关于你所面临的许多问题，我决定从新年号开始，在新生月刊公开讨论。这是朋友们的要求，你也将可以看得到。我不敢说，这些意见是完善的，你有问题与意见尽管写来，以备随时检讨。

这样，每月又可以得到二十元左右的稿费，一举两得。以后零用钱不要寄来，你也该用那些钱去订报刊、买书本，这精神粮食是现代人所不可缺乏的。一个智识阶级的家庭，并不因为用劳力谋生而有亏，但它没有报刊、没有充分书本读，而不懂世界大势、时代潮流、文化科学的动向，做人做事便会缺乏理智——则可以断言是虚有其名了。

在孤单寂寞的环境里，你妈染上了许多庸俗习见，把过去那蓬勃进取的气象都丢了。我们可以同情她，好言安慰她，但绝不能被她这种观念缠住而踟蹰不前。

你应该勇往迈进，等时间证明你走的路是对的，是光明的，她便会改变过来，我们的家才能回来温暖与团圆，真正的民主家庭便可以建立成功。

如建筑许可拖得太久[1]，空度这不安定的时间是难受的，你可以马上就走，租个小房让他们住下，以盖房屋与买土地的钱[2]，他们大概可维持到我回家。

你应该做的，不是房屋土地，这一切我回去就有办法，你不必为这些事劳心劳力。十年来，你为家计与弟妹们的学费，已经太辛苦了。现在你该为你自己的健康、情绪的稳定、乐观的精神以及将要用到的新智慧而用功，这才是最可靠的财产，永不会丢掉的。

现在寄去剪报《巨人的儿子》一篇与《黄金时代》一本，你当会得到启示吧！这些文章都并不完善，你不要“死记”盲从。你应先全部读一下，再每天重读一节，找问题写笔记，每周综合你一周中的心得写来，我们可以讨论。这样，对于找你的出路，将会有很大的帮助。

你以为对吗？认为对的话，就要马上实行。认为不对的，也要把你的意见写来。

你要我指示你的出路，出路是要估量你的实情才能决定的，凭空画一条路是没有用的，你应该先把你的实际情形详

---

① 叶陶新买的土地上所建的建筑执照，但其实此时土地也买了，房子也盖了。

② 杨逵的意思是把准备要买土地与盖房子的钱由杨资崩带到台北去重建农园，随便在台中租个小房子给叶陶母子住。

细告诉我。

祝

安好

一九五八·一·十一

人生的意义是什么

亲爱的孩子[①]：

近来你的信都充满着悲观、忧闷、颓丧的气氛，叫我很担心，也觉得很惭愧。十年来，我未能尽到做一个爸爸应尽的责任，才让你们兄弟姊妹，特别是你，吃得太多的苦了。过去我时常告诉你们说：吃苦就是磨炼，碰到困难正是试炼的机会。

这话在我虽然不是虚言，也不是为了安慰你们，随便应付一下的空言，我的确一直以这样的信念来磨炼我自己，把身体锻炼成了所谓“老当益壮”的，也建立了万难不折、永不气馁的乐观精神。

但对于正需温暖与爱护的小雏们，这句话未免太过于苛酷了。

小雏们刚出蛋壳，需要的是母鸡用翅膀来防护、来温暖，也需要母鸡帮其觅食、带头找路的。在这个时候，你才十几岁的时候，就让你带着幼小的弟妹们在冷酷的环境里奔波，就是钢铁做的心也会痛的。这是我生活历程中唯一的遗憾。

---

① 这里亲爱的孩子是以对杨资崩谈话的语气，附带告诉所有儿女的话。

我也曾同你们说过，对于我自己，我一直是很乐观的。但每次接到你陷在忧悒苦闷的消息，我这一面乐观的镜子便会带上了阴影，只有你们欢乐的音信，才能把它拭得干净明亮。

这样的顾虑，做一个朋友也许是不错的吧！但做一个爸爸，显然有亏。在你们需要温暖的时候，我的翅膀离得这么远，无法把你们抱在怀里，使你们免致冻僵。在你们正在迷途上彷徨的时候，也未能带头指点你们，使你们避免踏上这许多陷阱与险崖。

幸亏，你们都能够自强不息，虽说这十年你们过的日子并不太理想，你总把这个家维持得不错的了。弟妹们很快就可以毕业做事，虽然不能期望这一来就是丰衣足食，在这苦难的时代里，我们的家也可以算是小康的了。我们不能太奢望。

这一切的成果，都是十年来一直到现在，你愿做牛做马努力工作的结果，我是很感激的。可是，也就是因为如此，你们都疏忽了另一项更要紧的没有做到。

现在，你将可以减轻担子松一口气的现在，你开始想到你自己的前途，你说：十年来都太盲目了，没有学到一项专门技术，找不到出路，很寒心，而要我指示你的出路。这是一个有志气的青年一定要碰到的问题，虽然时间慢一点，却也并不太迟，你奋发用功找到了正确的路的话，马上就可以迎头赶上，毫无问题。要紧的是冷静沉住气，千万不要慌张。

我老早告诉过你好几次，叫你在百忙之中，也应该为你自己设想好好准备一下，但那个时候你为家计缠身，正如你自己说：太盲目了，没有心情来考虑我的话。这也是难怪的。

今天你碰到的是一个十字路口，前面有好几条路，待你来选择，要走哪一条路呢？你却失掉了信心，开始彷徨，发出SOS来了。

你又说：人生的意义是什么呢？仍解不开这个疑团……

到底人生的意义是什么呢？

是上天堂做神仙？还是下地狱做鬼怪？

或者是求在这地球上保持住永恒的生命。

了解了人生的意义，自然要过着那最有意义的生活，那么你想找的路是哪一条也就明白了，这两个问题即可以一举解决。

天堂与地狱是人家用来哄哄小孩的，约束不了多少人。你看，那些高兴做好事的人便是为了上天堂，那些存心做坏事的人，更未曾因为害怕地狱而改变其作风，仍然在追求他们的快乐。做好事的人是为了追求真理与心理的安慰，求的是快乐；做坏事的人为了享受，求的也是快乐。那么可以说：人生的意义就是为了求现实的快乐。只因为立场不同，有的看得远，有的看得近；有的有理智，有的没有理智可以控制的，便凭着冲动来决定他的行为，做起事来的方式也就不同了。

我们所求的快乐，应该是永恒的快乐。

一时的享受之后，跟着便会带来苦恼的，如酗酒、游荡等都不是真正的快乐。为了医病，药是苦的，开刀是痛的，但为了享受健康的快乐，一时的苦痛总可以忍受的。为了发现真理的快乐，为了完成事业的快乐，学习与准备期间的苦恼也是无所谓的。

为了个人的快乐，而陷朋友、同胞于水深火热之中的，就算他再没有良心，以为是无所谓的，终竟也免不了因怨声载道而感到不安，更不会是真正的快乐。

像你，为了拯救家境，盲目地干，毫不考虑自己的兴趣与前途，结果也陷入了这样的迷途而不能自拔，也不是真正的快乐。

人的行为一不小心就会为冲动所支配，以致不能瞻前顾后，这是一切苦恼的原因。

“人生以服务为目的”的意思是说：做一个人应该要为人家谋福利，但并不是说：要牺牲一切去为人求快乐。斤斤计较当然是不愉快的，但把一切都牺牲光了，以致不能再起的话，哪儿来的永恒的快乐？那些终生唯唯诺诺，永远为主人服侍的奴隶，岂会是自愿的？当然也没有快乐之可言。

世间有挖自己的肉喂母亲的人，成为“美谈”，我认为这种“美谈”，有些神经失常。她这种行为不仅苦了自己，也会苦死了被喂的人的，一点好处都没有。

为使我们的服务有效，是永恒的，我们不可以轻生。

我们可以为大家的快乐而牺牲，但这快乐的享有应该包括自己在内，应该自己也有一份，才是情理之中的。很多被冲动驱使而为人家牺牲的人，终免不了要怀疑要后悔，就是这缘故，这样的快乐不可能是永恒的。

我们可以说：为众人的快乐也为自己的快乐，为永久的快乐，而不是为眼前一瞬间的快乐，这才是真正健全的快乐。

快乐不仅是物质的享受。

温暖的家、诚实相待的朋友、富贵康乐的国家，以及得到了新知识、找到了真理、完成了心愿的工作等，这一切精神上的满足，也就是快乐的重要泉源。

要是我们时刻注意卫生体育而改善肉体，经常诚实待人而获得了互信可以合作的朋友，时刻学习，努力工作而开启了智慧之门，事业有进展，快乐便会经常跟我们自己走。这一切微小的快乐汇集起来，便是温暖的家庭与康乐的国家的基础，个人的快乐便与大众的快乐结合在一起。

固然社会上还有许多矛盾，时常我们都可以看到自己的快乐与人家的快乐不能协调，不能并存的现象。

譬如水源不足，因而激起了农人们为争水而死斗，便有人兴建水利工程，普遍给水以求解决。近来对气象控制的研究，终会达到可以随意叫天下雨，或者叫它不要下雨，这样一来，农人们的矛盾不是就可以解决了吗？

譬如，世间有些不劳而享受的人、与劳苦而不能吃得饱的人，针对着这样的矛盾，很多政治思想家、经济学者不是在专心研究其对策吗？许多革命家不是为这类事情的解决而在奋斗吗？

也有很多家庭缺乏着和气与温暖，使青年人走上了迷路，使老年人不能过着安静快乐的生活，对于这些问题的解决，不是也有很多教育专家、心理学家、文艺作家在努力工作吗？

很多很多的工作都为了征服自然，同时也为了解决人与人之间的矛盾，正在进步与发展。

世界上等待你们青年人去开拓、去发展的学问很多，等待你们去创造发展的事业也很多，只要你对某一项学问或者某一项工作有深刻的了解，你便会发生浓厚的兴趣，自然就会乐在其中了。

人生不仅为的是面包。

工作的快乐与苦恼是在于有没有兴趣、了不了解其意义，与劳心劳力并没有直接的关系。

以我来说，我认为劳心与劳力的适当配合才是最合理的生活方式。工人农民在其体力劳动之间，为了改善工作环境与文化活动方面，应该多动动脑筋——就是劳心；办公室内的人也应该找些体力工作——如整理环境，种植蔬菜花木，这样把劳力与劳心的工作统一起来，就可以平衡发展，是快乐的，也能够发挥工作效率。

很多人尊重劳心的人而轻视劳力的人，这是不对的。

一个智识分子并不因为他以劳力谋生而有亏。徒手游闲、不懂事理、除了打马屁之外没有技能的所谓智识分子才是虚有其名，可耻的。

这类的人，为他个人来说，也许一时可以享有高薪与清闲，结果总会把身体弄坏，精神也不能健全，一碰到风暴就会塌台，不会有长久快乐的。为国家民族而言，他便不过是一只寄生虫，更不能为众人的快乐有所贡献。

人生的意义是争取个人长久的快乐，同时也为众人追求快乐。

无论你喜欢的是自然科学也好，社会科学也好，无论你想做一个工程师或是文化工作者，也无论你是一个农人与工人，只要你的学习与工作能够使你自己快乐，人人快乐、永久快乐，那么你的生活便是挺有意义的了。

祝

快乐

一九五八·一·十二

爬起来，迎接黎明

亲爱的碧：

离开你们快要两个月了[1]，你们都好吗？你在看什么书？有何感想？写来给爸高兴一下吧！爸初回到这里来时[2]，虽然热得吃不消，现在已经习惯了。自到菜园工作身体很有进步，每天可以挑二十担水，走两百步浇菜，并不觉得累咧！休息时，菜圃的草房很凉快，我常躺在茅杆床上，或者坐在肥皂箱前（这是我的写字桌啦），想些有趣的经历与故事，等写好之后，当有机会给你们看。

亲爱的绢：

来信与校刊都收到，《将行》写得很不错。大皮球跌倒了要爬起来也许很吃力，但以你这样乐观的精神与坚毅的决心，

---

① 杨逵曾于一九五八年一月底借提到台北新生北路的一间别墅里，有一位长官与一位老士兵同住。据杨逵说是当局想派他到日本工作，结果因条件不符（因为杨逵要求全家大小同行，以免除后顾之忧及当局的要挟），于五月间又被遣送回绿岛。

② 由台北回到绿岛。

我相信你一定会爬起来迎接黎明的。

大哥的新闻函授[①]，你也可以看看，每周的作业，你也可以试一试。叫大哥把他的作业抄一份和你的一块儿寄来，我们可以共同研究。

亲爱的建：

三十日的信与毕业论文[②]的底稿都收到。年轻人总是妄想与幻想多于理想，因此无论在学术上、工作上、生活上都会觉得问题愈来愈多不能满足，从而发生怀疑与烦恼，这是免不了的。不过为了减少烦恼应该多做一些可以满意的事，自然就会想得开，也可以提高乐观的精神。

"食到老学到老"，人生是永远不会满足的，问题也是一个解决了还有一个接着发生的，也就是这样人生才会有进步。自满自大是人生的停止符号，到这儿就没有前途了。我们应该在日常生活、学习与工作中去求一点一滴的进步，这是每一个人都可以做得到的，等它继续不断地累积起来，成就就大了。这样天天可以看到自己在进步，自然是快乐的，这是乐观精神的基础。

解决了每一项问题，完成了每一件工作之后，谁不高兴？一旦决心开始的工作、学习，都要自强不息、有始有终、贯彻

---

① 当时杨资崩和杨建都参加文坛社的写作函授班。

② 杨建大同工专的毕业论文。

到底去完成它，不要游移不定。

虽说只顾耕耘，不问收获，多流一点汗，多动一点脑筋，收获总会比较丰硕的。你的毕业论文主题与着眼点都很对，人生从大众那里获利，也应该要为大众服务。以后有什么想不开而使你烦恼的问题都可以随时写来讨论讨论，总比一个人闷在心里头好得多了。俗语不是说，“三个臭皮匠胜过诸葛亮”吗？

亲爱的萌：

来信、五十元、沙眼药膏都收到。近来你的心情安定一些没有？你千万不要为负债焦急，也不必为前途担心。稳定地一步一步向前走，就可以为你自己奠定将来的工作基础，一步一步慢慢来，不要想飞天。弟妹们都毕业了，可以分担一些担子的，你应该可以轻松一下。但对于学习方面应该持续不断，假如每周习作一篇，一年不是可以写五十多篇，到我回家时，不是可以写一百多篇了吗？从这一百多篇习作中间，一定可以找出几篇满意的，这就是收获。就说一篇都没有满意的吧，你在这习作经验中，一定可以习熟表情达意的方法的。思想可以在经常推敲中整理起来——这就是收获，而且是更重要的收获。

这样的收获是金钱买不到的，也不是短时间可以得到的。千万不要为面子劳心，也不要为闲言所惑，充实实力最要紧。劳心与劳力的适宜配合是最健全的生活态度，因为这样才能获致精神与肉体并行的健全发达。

祝

精神愉快

一九五八·七·十二

先从容忍做起

亲爱的萌：

四日的信收到，你还是这样心神不定，真叫我担心。人生不怕穷、不怕劳苦，最怕的是心神不定。因为它可以毁灭自己，也可以毁灭最亲的人。半年来你出外不能忍耐，回到家里又不能容忍，不仅叫妈伤心，弟妹们坐立不安，爸也为此好几个晚上不能安眠了。这种情形不仅会影响大家的学习与工作情绪，也会损害身体的。

你说负债多，景气不好，妈妈不管家事，但你这一下子出走，一下子回家，工作不能安定，负债不是愈要加添了吗？妈妈因伤心，不是愈不能关心家事了吗？过去已经忍受了九年，为什么不能再忍耐两年？而且这两年在你是可以比以前轻松的。

弟弟毕业了，从此可以自立，就是去受军训也不会再向你要钱了。妹妹九月到学校服务以后，也可以负起家庭的柴米油盐之资了。烟我不吸了，从此不要寄钱，经济问题是用不着你烦恼的。

负债现在不能还就让它拖下去，等我回家后，只要出两本旧作，不是就可以还得清清楚楚了？天天来要钱的人我相信不会很多，可以把藏书卖来清理一下，外面没有工作的话，就把庭园整理整理，多种些菊花，过年时总会有一点收入吧！

你要容忍，你要忍耐，控制住你的感情冲动，趁着暑假，弟妹们都在家里，大家可互相研究，互相勉励，通力合作，把书房弄成舒适的地方，可以安静看书，思索习作。

事实上经济环境比我们更差的遍地都有，我们的过去也不比现在好，你这心神不定完全是你个人的情绪问题，与家庭经济无关。

本来你在法学院是可以为你自己工作与学习，可以不再为家庭经济劳心的了，你自己跑回家说要重整旗鼓，如今不到一个月，你又旧事重提，怨天尤人，闹出走，人家会说你胡闹的。不想忍耐下去的话，你就干脆不要回来，免得闹得满城风雨，连亲朋都为你不安。

你太冲动了，你必须控制感情，为你自己也为你亲爱的家人与亲朋。你做事要有始有终，贯彻到底，这样才能快乐地度过这最后的两年。

向来弟妹们对你的栽培爱护都是很感激的。我也很感激你九年来替我挑起了这份责任，但你近来的心神不定真叫我担心，这样下去的话，将是功亏一篑、前功尽弃的。

现在是你应该检讨你自己的时候了。你到士林又回来，又出走，这次放弃法学院那份不错的工作，回家不到一个月却又想出走了，这样浮动、奔波，将会毁灭你自己，也会毁灭我们的家，这样循环下去的话，将会找不到可以安居的地方。

我知道你这心神不定的原因是神经衰弱，而更明白你这样的奔波无法得到生活与精神的安定，神经衰弱是会愈来愈严重的。无论如何改不了，你一定要从容忍做起，苦练忍耐的功夫，控制感情冲动——这是治疗心神不定的秘方。先把心神安定下来，工作与学习便会有成就。你千万不要再为金钱劳心了，负债可以拖，柴米油盐弟妹负得起了，你能做好多算好多，不要焦急，自然就会好转的。等到我回家，一切不理想的事情都可以彻底改善，我们便可以过着温暖和气与充满欢乐的生活。

亲爱的孩子，假如你向来就是一个放浪的孩子，我也不想管了，就是你九年来为家贡献这么多，我才不忍心眼巴巴看你向下坡路走去。

祝

精神快乐

一九五八·七·十九

坚持意志与决心

亲爱的绢：

放假中你们都团聚在家里，很热闹的，本来是可以一块儿学习，一块儿工作，过得快快乐乐，但因为最近家里没有收入，大哥的精神又陷于不安定中，恐怕你们都度日如年，过得好凄凉吧！我很担心。

忍耐一下吧，好孩子们，以你在《将行》那篇诗里所写的坚持意志与决心。

我回家之期愈来愈近了，过了一天就少一天，你们都可以相信，不久我将会给你们带回欢乐去的。

现在我最担心的是大哥的健康。表面看来他是很健壮的，可是我相信他是有病的，虽然你们看不出来，他自己也不自觉。本来我以为他是单纯的神经衰弱，今天同几位医生研究过他的情形，结论是，他恐怕还有别的毛病。

这里有几位朋友，身体都像你大哥一样很粗健的，近来脸色变坏了，容易疲乏，没有耐性，白天惶惶不安，夜里不能安眠——因此陷入了忧悒与悲观的情绪中。

这次肺痨检查发现有问题，医生叫他们吃新出品的肺痨特效药，很快就见效了，这虽是类推，不能确定，但我想你大哥很可能也染上了这种病[①]。我现在的情形也一样，医生叫我试一试，我想也可以叫大哥试一下。

药名是Amerazid，100mg的百粒二百四十五元，台北罗斯福路一段四十三号天华西药房有卖。每餐前吃一粒，每天三次，一百粒（二百四十五元）就可以吃一个多月了，并不贵。天华有零卖的，可以先买几百粒寄一半来，一半留给大哥吃。假如确实是这种病，吃过半月至一月，脸色就会变好，精神也会好起来的，要继续吃半年。

我想家里现在是没有钱的，可是治病的钱是不能等待的，可以卖些现在不用之藏书来先买几百粒。

同时你要告诉妈妈，大哥一切不好情绪都是因病引发的，请妈妈暂时不要让他过劳，好好地让他安静，无论他有什么忤逆不妥的行为都要忍受，不能再刺激他，应该用好言好语安慰他，专心关照他。

你们大哥对于家庭是很负责的。你们都要原谅他，好好地关照他，逼他快乐，督他吃药，而每周把经过情形写来

---

① 杨逵一向对情绪的变化有疑为疾病的敏感性，而他从二十多岁起就被肺结核所缠，所以对杨资崩的忧悒与悲观的情绪，也疑为是肺痨所致。

告诉我。

祝

平安快乐

一九五八·七·二十七

不久就可以重聚

秀俄[1]：

很久很久都在想念着你们，今天突然收到来信，得悉你们都还好，又养了四个小孩[2]了，我很高兴。过去的事情，我是可以谅解的[3]，可不要再难过了。保重身体，把小孩养得好好的，这是你们的责任。

好多年来一家人都吃尽了离散的苦，可是我回家之期快到了，不久我们就可以重聚，也可以给你们带来欢乐的。弟妹们一样很想念你们，你妈虽然嘴硬心也是软的，你可以时常同他们通信，也常把你们的生活情形写来告诉我。

祝

安好

一九五八・九・六

---

① 杨秀俄：杨逵的长女。

② 杨秀俄于一九四九年十二月二十一日和一位远房亲戚叶金得（俊岩）私奔离家。

③ 这桩婚事叶陶不同意，因而有点误会与不谅解。

你高兴听故事吗

亲爱的婵娟[①]：

今天头一次看到你的信，我很高兴。你说弟弟今天也上学了，还有两个小妹在家玩，你妈烧饭给你们吃，你的老师是很好的，我想你一定也是很乖的，是吧？每天认真念书外，还要同小弟弟小妹妹们玩乐，也帮妈做一点事情，是吧？好，你很乖。

公公的身体很好，在这里的生活也不错，闲时也写过一些童话和童谣，你高兴听故事吗？

祝

安好

一九五八・九・六

① 杨秀俄的长女叶婵娟。

观察别人，了解自己

亲爱的建：

你说九成以上的同学都是你们大同的老同学，日常生活同三年前预士训同样并不生疏[①]，很好。你说生活很忙，带来的专门书都没有时间看，是的，它是遗憾的，不过，技术虽然要紧，人在一生中必须要学习的事情多得很，特别在这样的团体生活，可以学到的事情更多，你可以利用这一段时间学学吧！好好地观察别人，了解自己，从而可以学到人生的道理，也是很难得有这样机会的。

祝

安好

一九五八・九・二十

---

① 杨建于一九五五年高中毕业，参加大专联考甲组落榜；一九五六年三月征召预备士官役四个月，退伍后于九月考进大同工专电机科，一九五八年七月工专毕业，八月服预备军官役于凤山陆军步校。

负起了艰巨的责任

亲爱的绢：

二十一日的信收到了，你头一次领到薪水的高兴，我是可以同感的，但把家庭经济的重担全给你负在背上，把你全部时间都夺掉了，我很觉不安。

不过时间也不久了，希望你委屈一下，等我回去，我相信你的愿望会得到充分支持的。我们可以欢乐团聚，协同做我们所高兴做的事业。

现在，你天天与顽皮的小孩相处，而负起了把他们引导到宏壮大道的责任是很艰巨的。

祝你

成功

一九五八·十·五

欢欣而不溺

亲爱的碧：

十九日的信收到，你的信写得很好，近来进步得太快了，你说你对新学期的课程找出了兴趣，特别于看书也发生了浓厚的兴趣，只要有兴趣，便可以过得快乐，进步也会更快的，我很高兴。

要是你不这么懒得写信，而每月能有两三封信来给我的话，我会觉得更高兴的。

祝

进步

亲爱的萌：

近来怎么样？我知道家里有很多困难，但人生本来应是这样的，有欢欣，也有忧患。健全的人生是欢欣而不溺，忧患而不消沉，可伸可屈是我们应该保持的态度。

我回家之期愈来愈近了，民族文化的发展工作需要我们是很迫切的，希望你赶快把身体上所有的毛病都治好，准备随时能够发挥充沛的活力。我曾看过你在这类工作中表现了浓厚的兴趣，还知道这类的工作也是你高兴做的，现在你要好好疗养身体，好好地学习，准备随时可以把你的智慧发挥出来。

向大的（方向）看，向远处看。生活刻苦一点是没有关系的，那一点点负债也算不了什么，不要为眼前的小事情迷惑了，绊住足不能向前。

亲爱的孩子，天快要亮了，赶快提起精神来，看看你的脑袋是不是充实了，还不够的话马上把它充实起来！

祝

安好

一九五八·十·五

人生不怕问题多

亲爱的建：

十月三日的信收到了，得悉你已经能够适应这新环境，而觉得愉快与乐观，我很安慰。人生不怕问题多，也不怕尽是发现自己的缺陷，问题愈多，解决问题的机会便愈多，发现自己的缺陷愈快，把它改掉的机会也愈快。这是迈向智能之门的信号，因为人的知识与修养都是由发现问题、解决问题得来的。世界上更没有生下来就完美的人，无论哪一个被公认伟大的人，都是一点一滴把自己的缺陷改掉才慢慢完美起来的。你不要性急，只要经常面对着问题，经常注意着自己的缺陷，而力求解答、力求改进就行了。

关于你面临的诸问题，我很高兴同你讨论一下，一写便写了几千字，这么长的信是不能获准寄出去的，只好等新生月刊发出后寄给你做参考。

你哥哥自六月中寄五十元来，至今四个多月了，在这中间只寄一张明信片写有“一切如旧”几个字。不过，素绢近日来信说他近来工作多一点，精神也安定一些了，可能慢慢会有进步吧！

我自回到这里，干咳、喉咙痛、淋巴腺肿起来，身体疲乏不太舒服，恐怕老毛病再发[①]，医生朋友都很关怀，经常给我诊察，打针，吃药，慢慢会好的，不要挂念。只因为，这些药都是向朋友借来的，Amerazid 已经借了四百粒了，Paso 借一大瓶，还有复方维他命，等等。他们的接济也是有限的，这些药不好意思借得太久，以致影响他们的治疗，因此，我曾向家里要 Amerazid，写过几封信了，却一直没有反应。

我知道家里的经济情形是很苦的，自然不会怪他们的，不过我曾叫他们整理一些不用的书拿到古书铺去换钱来买药，他们也置之不理，实在叫我难以谅解[②]。也许是顾虑面目吧？我不知道把不用的书卖掉会伤害他们面子的。这样拖下去，假如人都没有了，留那些烂书有什么用？

话虽这么说，你哥哥现在已经够苦恼的了，我又不敢加添他的烦恼。

我曾鞭策自己疲乏的脑筋，想写些故事向外投稿，这是我唯一可能弄到钱的办法，我们指导员也答应可以替我办理了，不过要向外投稿的手续烦难得很，有一位朋友说他曾在自由谈发表的一文，是经过一年多时间才到达目的的。这样实在是远水不能救济近火呀！所要的药钱不多，你能够请假的话，就去

---

① 杨逵一生身体的老毛病为肺痨病。

② 杨逵不知家中的书早已被警总搜刮殆尽，已是家徒四壁，无书可卖。

高雄找许叔叔、褚叔叔[1]借一点寄来好吗?

祝

安好

一九五八·十·十一

① 许叔叔为许分先生、褚叔叔为褚火星先生，两位均为杨逵的老友。杨建只身在高雄工作时，受他们的照顾很多。

向女孩子恶作剧

亲爱的绢：

五日的信收到，你在这短短时间就能够抓住大部分儿童的心，这是你这份工作成功的基础，我很高兴，恭喜你。

你的话是实在的，乡下儿童虽然粗野，却很纯真，正如一张白纸，要让你来发挥。

你说男孩子们，因为没有正当游戏来发泄其精力而常要向女孩子寻开心，玩牌吵架打架——打架吵架我虽然没有过，向女孩子恶作剧与玩牌这一类我却也是一个前科者。记得有一次我把坐在我前面的女孩的辫发绑在椅背，老师来了，我喊起立敬礼，这女孩子顿了一下，却站不起来。我赶快把它解开，说她的辫子是夹在椅桌间的，出了一身冷汗。她明明知道是我搞的鬼，却只瞋了我一眼，并不骂我，我越不好意思，再不来第二次的恶作剧。

你问我小时玩过的把戏，我记起了，有些还不错的，可以向你推售。

（1）运动方面：迁盾台、跳绳子、跳圈子、拔河（地上画一条线，分两组站立线，两边用手抓人，被抓过线的算俘虏）。

（2）园艺方面：种树、种花、种蔬菜。

（3）工艺方面：竹蜻蜓、吹肥皂汽球、水枪、喇叭、林投。

在工艺方面，进一步可以教他们制作各种玩具、器具、房屋、汽车等模型，而材料可以就地取材，茅杆、竹、泥土、树叶、林投等都可以用。

你可以把儿童分为三组（个人参加二组、三组都可以），各组选一个召集人，时常开会互相检讨与批评。这样不仅可以利用课与课中很短的休息时间，也可以利用中午等比较长的休息时间。工作成果可以时常展览，运动可以时常比赛，以提高他们的兴趣，兴趣一培养起来的话，他们自己自会创造出许多新的合理的玩意儿来的，不好的把戏自然便会打消。

老早我就想到，儿童杂志应该有这一类的文章，你可以把你的经验写出来，投儿童杂志，使这种把戏普遍于每一个学校，这对于新时代的教育是很有贡献的。祝成功。我喉咙痛、淋巴腺肿很久了，很有结核再发的嫌疑。一直借来 Amerazid 与 Paso 在吃，也打针，现在好一点了。不过，借药的朋友接济也是很有限的，不好意思拖得太久以致影响朋友自己的疗治。你与妈妈商量一下想办法把药寄来，寄钱来也可以，药这里可以买得到。

一九五八·十·十八

种了七棵榕树

亲爱的萌：

今天是我们单位的庆生会，我是本月份寿星之一[①]，我们寿星都加了一个红蛋，喝的虽然是二块一的米酒，味道却特别好，过得很快乐。

你寄来的药刚在前天收到，这也是叫我快乐的一个因素。因为四个月来吃的药都是向朋友借的，朋友们也很慷慨借给我，不过，我知道他们的接济也是很有限，不好意思借得太多，拖得太久，以致影响他们自己的疗病，心里免不了有一点沉闷。

现在借的药都还清了，还有足够吃的，我有把握把病治好的，心里很轻松，自然这一餐就吃得津津有味了。

在台北的时候，我看你的脸色青青的，又时常表露着疲乏的神情，我觉得你神经衰弱的可能原因之一，也许是结核的初期感染（这里很多这样的人，吃过这药之后都好得多了），要是现在还是觉得不舒服的话，可以试试看。

---

① 杨逵生于一九〇六年十月十八日。

十八日那一天，我回忆了去年当天我们的游泳比赛，心里很愉快。那一天虽然下着雨，水有一点凉，但我还是同年轻的朋友下水游了。游了三百公尺，比去年我们游六十公尺不是进步得很多吗？

希望你也尽量找机会锻炼身体，健康的精神是寓于健康的身体的，把身体弄坏了，便什么都没有办法了。

生日那一天，我还做了一件很有意义的事，在晒衣场种了七棵榕树。我想假如十年后，我们有机会再到这里来玩，或者五十年后，你们带你们的儿子孙子到这里来玩的时候，我们一定可以看到许多人在这树荫下乘凉玩乐的时候，心里都是无上愉快的。

阿建一直很挂念我的健康，你马上告诉他说药已经收到了，我有把握把身体治好，等我回家，我们还可以来赛跑，也可以来游泳比赛的，叫他放心。

祝

安好

一九五八·十·二十五

别做古井蛙

亲爱的建：

大哥寄来的Amerazid已收到，借的已还清，还剩有足够吃几个月的药，我有把握把病治好，把身体锻炼得很健壮的，放心好了。

你说，你正在深入研究语意学，这是很好的，因为对语意学的深入了解，可以帮助我们接近正确认识，有正确的认识，才能够有正确的表现，所以无论对于科学艺术的研究，以至于做人做事都是很要紧的。

你在研究当中如发现什么问题——不能了解的或者另有你个人的意见的——都可以写来讨论讨论。这样对我正在计划写的“认识论”一文将可以充实材料，在你的学习上一定也会有不少的帮助。

今天让我来提一个课题给你研究一下：书中十一页那一段“一个最确实的语言……是一个三角完整的语言……”与十四页科氏对亚氏形式逻辑的批评，你把这两段文章试作一篇论文寄来好吗？如用论文形式觉得不容易表现的话，可以找出问题来，用问答的方式写出来也可以。

这样我们来继续讨论下去的话，不仅可以深入了解这本书，还可以发现很多新问题而建立进一步的体系的。

来信你说，自你观察他人，用心了解自己之后，发现自己的缺陷，与样样不如人、不如理想，恐怕会影响自尊心，这是不必多虑的。所有被公认的伟大科学家与艺术家，都是像我们一样充满缺陷的，在他们的一生中也未曾有一开始就达到其理想的。就是这样，他们才能够不屈不挠地努力而有不断的进步，对学问有贡献。宇宙是无穷大的，学问是无穷尽的，我们不要怕问题之多，可怕的是不知己、不知彼，而又没有问题的古井青蛙，这样自满自大、自鸣得意的自尊心才是可笑又可怜的，你以为是吗？

祝

身心健康、继续前进

一九五八·十一·一

乐观是人生最要紧的

亲爱的萌：

来信都收到，前个月寄来的钱以及森哥[①]寄来的 Nipas 也都收到了。Amerazid 与 Paso 至今吃了将近五个月，喉咙已经不疼了，只淋巴腺还没有消肿，但是医生说检查结果很好，体重也增加了一公斤，放心好了。

你得到妈的同意到高雄就职，我很赞成。我所担心的是你精神上的苦闷将会影响你的健康，健康欠佳了，又要加上精神上的不安定，这种情形，你到高雄就职后当可以避免，你也应该想办法避免。森哥比你乐观得多，你们一块工作，一块学习，为消除你的忧悒情绪，一定有益，我相信你会渐渐乐观起来，很感安慰。

乐观在人生是最要紧的，只要能够乐观，物质上、工作上多吃一点苦，也可以从安慰中得到补偿。

任何地方，任何职业，都不能够尽如人意的，你在这新环境里也许会再碰到不愉快的事情，但你一定要容忍，可不要再

① 森哥为杨逵老友褚火星之子褚鸿森先生，其时在高雄大荣铁工厂任职。

浮动奔波了。这是为你求精神安定的唯一途径。

绢寄来几篇小品文，观察周到，态度严肃中又有点轻松气氛，写得很不错。建来信说他正在用功研究“语意学”，训练认识力与表现力，这是很好的，你也可以找时间研究研究。我也在看第二次，有问题可以写来讨论讨论。

祝

安好

一九五八·十二·六

满屋花香的快乐世界

亲爱的绢：

来信与《班会》等几篇小品文都看过了。写得不错，尤其你对儿童们的态度很好，叫爸觉得很骄傲。我的小先生竟然成了一个好老师了。你这样诚恳的态度与周到的观察，不仅能够得到儿童的信任与美好的教育效果，也可以为你所喜欢的写作奠定很好的基础。五年级的儿童们，你还可以找机会帮助帮助，对于二年级的儿童们，你更要重新建立如此的友情。

你这样的文章应继续写下去，材料可以从教室扩大到全校园，再扩大到儿童们的家而到整个乡村去找。这类小品文，后来可以润饰一下编成一本书，很有价值的书。爸一定会帮你做到的。

大哥去高雄之后，已有来信，这一次他同森哥一块工作，一块学习，我想他的精神一定会安定下来，忧悒的情绪也慢慢能够消除的，很感安慰。

你说家里的各种花朵正在盛开，你可以做些押花（夹在书本中压干），利用写信的时候，夹在信纸里寄来给我，也寄给大姊、大哥、二哥，让我们漂泊在外的也能分享一下各种花香，这花香会把我们带回十年前那一家团圆满屋花香的快乐世界的，你说妙不妙？

祝

安好

一九五八·十二·二十八

同情与爱

亲爱的萌：

十二月二十日寄来的信与一百元都收到。你叫我常写信给秀俄，我一定照办。你这一提醒很好。她确有点自卑感，心里在纳闷，我们都要安慰她，使她恢复正当心理。阿建是不是去花莲看过她了？看过了的话，她一定会明白我们对她的同情与爱，也就可以恢复信心了①。

几天前在夜里和朋友聊天中得到了灵感，考案一种不需燃料的原动机器，在这里要做实验，时间、工具、材料都很不方便，同封寄去一张略图，你可以同弟弟研究一下②。褚叔叔和森哥一定也会有好意见。这比英人发明的蒸汽机更重要，因为它的“能”的来源是地球引力，是永远不会缺乏的。

初步的实施可以先制造小马力的，来代替柴油汽油发动

---

① 因杨秀俄不被认可的婚姻，曾与家里失去一段很长时间的音信联络，经兄弟们四方探查，终查出了她在花莲的地址。

② 这是一个利用地心引力与杠杆原理合成的、免能源的原动机设计图。杨建虽实验过好几次，但碍于财源，尚有很多阻力需加以克服，是一件值得研究的动力机。

机。进一步可以计划大马力的，供发电之用。因为它不需燃料，也不需水源，无论在山边海角、沙漠都可以简便装置，用途是无穷尽的。

不过你要注意一点，因为它的效能太大，制作和原理都很简单，容易给大资本的人抢走，一定要设法取得专利（特许）权。无论本国与外国。

弟弟是学工程的，有数学和力学的基础知识，对此考案一定能有较明确的概念，你马上找他研究一下，以便制造一个模型实验。

一九五九·一·十七

未来是光明的

亲爱的秀俄：

阿建来信说：他利用新年四天的假去花莲看你，说你们的生活虽然苦，但你坚强奋斗，身体也不错，特别你对孩子们的养育很用心，小孩们都活泼懂事，我很宽慰。

做人不必怕苦、怕难，只要不灰心，意志坚定，终竟我们是可以开拓一条光明大道的。

你当记得，在你幼小的时候，我们还不是过了很艰难的生活？但到你十岁前后，我们便建立起一个很美满很快乐的家庭了。虽然十年来，我们又尝了离散之苦，过着不如意的日子，但我回家之期已经不远了，等我回家，我们便可以团聚，再建一个比以往更好的家，过得更快乐的。

弟妹们都很同情你的处境，我也时常思念着你们，过去的事情让它过去，不必再为它难过了，好好保养身体、教育小孩，未来是光明的。

祝你们

新年快乐

一九五九・二・一

梦见快乐的日子

亲爱的碧：

一个多月来，因为有些问题同你们大哥研究，好久没有机会写信给你们了。时间过得真快，阳历年过了，阴历年也过去了。你们都过得好吗？我们这里有弄龙弄狮的，也有演戏的，热热闹闹过得并不寂寞。特别是你寄来的菊花和玫瑰花，送来一阵阵的花香，叫我梦见了过去我们在一块时的快乐日子。

你升学考试很快就要到了，你近来很用功，也知道读书的滋味了，一定是很有把握的吧！

亲爱的绢：

十二月中寄来那几篇小品文，把我带回到天真的儿童世界，我很高兴。事实上，这些文章也写得很好。你是不是继续在写？有写好的就再寄来给我欣赏欣赏吧！

你的新学生到底怎么样？以你的作风，我相信他（她）们会喜爱你的，不是吗？

一月九日二哥来信说：他们将在二月初结训，可能被分发到台北兵工学校或者台中装甲学校服务，是不是已经报到了？

亲爱的建：

一月九日的信已经收到，关于语意学的论文，你写得不错。经过这样写一篇文章之后，我相信你的思想一定被整理得更有条理了，以后，每读到一个段落，就这样写一篇寄来吧！

这本书后段所讨论的情感语言和理智语言，各种层次的抽象语言和具体语言的分别用法与综合运用是很重要的。仅理解是不够的，应该在日常生活中找出实例来演习演习，使其熟练才能发挥功效。

大哥来信说：你也在向英、日文进攻，这是很好的，日文版田边著《哲学入门——科学哲学的认识》最近我借来看了一下，是不错的，你也可以买一本看看。不过也不必太紧张。

无论学习、工作，只要有恒心，就有进步，不必太性急。年轻人的智识都是很旺盛的，往往因为太过分用功来弄坏了身体，这是不好的。

你记得兔子和乌龟赛跑的故事吗？过分用功来弄坏了身体而不得不中断，就不如保持健康慢慢地学，不断地工作来得好。

过去一段时间，我因醉心于学习与工作，结果把身体弄坏了，得到一个乌龟精神的宝贵教训，特别提出来给你做参考。

祝

安好

一九五九·二·十四

猪八戒做和尚

亲爱的崩：

那个机械的实验，有没有进展？这看似很简单，但实际做起来，还会碰到许多困难，所有的发明都不是那么简单可以完成的，不要灰心。

幸亏你现在的精神好一点了，生活也比较安定一下，尽可利用多余的时间，耐心继续研究。这虽然是一件小小的研究，但这研究关连到哲学上的认识问题，对于学问修养上，也是很有益处的。

我最近借来一本田边著《哲学入门——科学哲学的认识》，看过觉得很不错，它是从“力学”发展过程来说明科学哲学的，是一本很好的哲学书。台北有卖，你也可以买一本来看看。

一个月来，我的感冒虽然好了，头一直晕晕的，全身酸懒，提不起精神来。神经不能安静，夜里不能安眠，吃过了许多药，也打过了许多针，总没有效。医生朋友说，可能新陈代谢机能怠工了，以致毒素未能顺利排除。他前天替我借来一瓶metraxisi（美乐神）和胖维他来一块吃，也打过几支葡萄糖（据说有解毒作用）之后神经安静多了，也可以睡得好一点了，我想再几天就可以恢复正常，不要烦恼。

十一月中，我们的晚会演出《牛犁分家》（我回到这里后，把那篇小故事充实改编的）①，是一种话剧里配合歌舞的新形式，得到了相当的好评。四月又要轮到我们主办晚会，很多朋友都在督促我再来一篇，却因身体不舒服耽误了许多时间，心里急得很。天天有人来问写好了没有，写不写，不然……叫我急得焦头烂额。

不过两天来可以安眠，精神也好一点了。一生中我未曾误了人家约稿的约期，我想这一次也不致给人家失望。

这次写的是《猪八戒做和尚》，相当有趣，和《牛犁分家》一块，将来你们都有机会看得到。但应小心，不要笑掉牙齿来。

如经济松一点的话，买“美乐神”和“胖维他”白瓦各一瓶来以便还给人家，又请妈妈买一服从前吃过的药粉（后附处方）尽速寄来。

祝

进步

一九五九·二·二十一

---

① 《牛犁分家》，原文为童话式的作品，原名为《大牛与铁犁》，于一九五八年间杨逵住在台北那段时间，曾投稿《东方少年》而被刊登，后改写成话剧式的《牛犁分家》。高雄大荣高工曾在高雄与台中多次演出野台戏。

好身体是唯一的资本

亲爱的俄：

来信收到，你说你胖起来了，我很高兴。好身体是我们唯一的资本，你继续保持健康，好好教养儿女吧！

我的身体也是不错的，前年和几年前，我们这里每次开运动会时，都参加过五千公尺赛跑，也参加过游泳比赛的，前年资崩来时，也曾和他赛过游泳。今年五月又要开运动会了，我想还可以参加的。

你能吃苦耐劳很好，工作忙一点没有关系，生活苦一点也是一项磨炼。不过，你每天如能找出一两个小时闲空，还要看一点书才好，写信叫素绢寄几本给你吧。

新历年过去了，旧历年也过去了，明天是元宵，我们这里过得很好，特别在过年过节时，都是热热闹闹的。

祝

安好

一九五九・二・二十一

不怕吃苦的新媳妇

亲爱的崩：

三月三十一日的信收到，是的，我很高兴向你们道喜！你们讨论之后得到共同的看法，这是你们加深了解，合作建立共同事业的基础，经过这样心理准备而相许了终身是很正确的，我衷心向你们道喜[①]。

你过去碰到太多的困难事，这些困难常常使你灰心、忧悒，这次得到知心的好内助之后，我相信你会乐观起来的。素梅小姐也曾吃过了不少的苦头[②]，我相信不怕吃苦的。以后可以互相勉励、互相安慰、同心学习、协办工作，不仅可以扫除从前的悲观气氛，为建立共同的目标，也是一对很好的伴侣。

素梅小姐：

我们过去虽然没有机会谈论，面是常见过的了，我对你们都有一个很好的印象，觉得你们都同我的儿女一样可爱。事实上，多数年轻的朋友们待我也如同我儿女们待我一样亲切，这

① 杨资崩由朋友许肇峯介绍，认识了萧素梅小姐。

② 萧素梅也曾是杨逵在绿岛时的同学。

一次你们有机会认识，相许了终身，好像亲上加亲，我很高兴为你们的幸福前途祝福。

资崩：

你们既然相许了终身，好事应该赶快完成，让我与你母亲很快抱抱孙子欢乐。没有什么要再等待的了，只要两颗心合起来就是最完美的了。也许你们都在担心经济问题，这是不必多虑的，一切可以从简，素梅小姐也不要为准备这个、那个操心，装门面的浪费都可以不要。以简速的仪式，请亲戚朋友吃喜酒就行了。

来得及的话，就提早五月二十日到这里来新婚旅行[①]，养朝气。这一天我们的运动大会将要开始，我又准备参加五千公尺赛跑，是一个赞美青春的很好节目。

很多朋友也想吃你们的喜酒哩！

祝

明天快乐，前途宏扬

一九五九·四·十二

---

① 杨逵希望杨资崩与萧素梅的结婚旅行能赶上绿岛五月二十日的运动大会，但因为萧家祖母要杨资崩入赘一事，再度与其母叶陶闹僵而延期。

为开拓新生活迈进

亲爱的崩：

三月三十一日和四月六日的信都收到，上周我已向你们道过喜了，今天第二次向你们道喜。我很高兴得到这好消息，也很感激朋友为你们铺的桥多美妙。年龄差两岁当然没有关系[①]。

你们经过谈论之后，得到了共同的理想和共同的看法，又都是吃得苦、耐得劳的孩子，事事可以互相了解与原谅，一定可以合作无间，成为一对很美满的伴侣。

你说：妈妈已表示赞成，这是我早就料想得到的，为了你们这一贤明的选择，我相信她会笑咪咪地感到快乐。我的心情也正是这样。

前信我曾告诉过你的，好事应该赶快完成，没有什么要再等待的了。有些人为了结婚的铺张，负了满身债，也有些人为了钱把好事一拖再拖，这都是愚不可及的事情。我希望你们简速完成这喜事，提早开始快乐的共同生活，一切费钱、费事、费神的铺张都可以免掉。为了这类无益的坏习惯来劳神破费都

---

① 萧素梅比杨资崩年长两岁。

是不合理的，不仅对幸福家庭的建立没有益处，反而会造成许多困难。

理想的一致，谅解与合作——这样把两颗心结合为一的爱情，才是最美的，一定会给你们带来终身的幸福。

做一个很简单的婚礼，请亲戚朋友吃吃喜酒，新夫妻合作种两棵纪念树……这样美满的伴侣就可以为开拓新生活迈进了。

祝

早日实现你们的美梦

一九五九·四·十八

何必艾艾怨怨呢

亲爱的崩：

今天收到你两封信和照片一张，这一对前途宏扬的倩影，叫我很高兴。

你们既是一对心投意合的情侣，一些为难的细节问题是可能、也可以想办法协力解决的。何必艾艾怨怨呢?

人生的道路很复杂的，不可能有平坦无阻的道路。有时候需要勇气去冲破难关，有时候必须冷静，转转弯，不能走直线。

旧礼数、装门面、迷信等，当然是要改革的，但你也要知道，风俗习惯的力量是根深蒂固的，不能一朝一夕把它消除的，得不偿失的时候，就要慢一点来，转个弯迁就一下。

过去你妈迫你结不愿意的婚，是一件关系你们一生的重大错误，所以我曾做你的后盾，叫她放弃了这不合理的念头。这次，要是她不同意你们自己的选择，我也会帮助你达成你们的愿望的。幸亏她已同意了，这是她的进步，你不可忽视她的苦心。

至于母子间关于细节问题的歧见，这是家家都有的，你应该让她一下。十年来她在困苦愁闷中生活，周围又都是那些古老的想法，迷信一点、固执一点是难免的。你们应该同情她，让她得到一点安慰也是好的。

说要做新棉被、新蚊帐，花钱不多，虽然可省，做了也不能说是浪费。她完全是为你们的舒服生活着想的，何必与她争执？

至于布置房间，你可以向她解释……为了职业的关系，结婚后还是要暂时到高雄居住，请她尽量简单……这样冷静地同她说话，我相信她会同意的。

去罗东招婿的问题，并不像你所想那么简单①。你要安慰老祖母②，也应该让你妈得到一点安慰，才是公平的。你可以请素梅尽力说服她祖母，不能解决的话，还可以请月珠姨去说服她。

（1）你自到高雄工作，生活比较安定，半年来情绪好转了很多，这是你们建立共同生活的理想所在。如去罗东，适宜的工作找不到，生活发生了问题，一定会影响到你们甜蜜的理想，对于你们的企望是一个可怕的礁石。

（2）招婿不是正常的婚姻，一定会引起许多闲人闲语，这是你妈受不了的刺激。你如强行，你们母子间的感情可能濒于破裂。你的愿望是家庭的和气、安静与温暖，结果恰恰相反，

---

① 杨资崩认为入赘与娶媳妇并没有两样。

② 萧素梅与祖母多年来一直相依为命。

在这种情形之下，你还可以保持愉快的心情和快乐的生活吗？

（3）你说素梅的祖母已经八十一岁了，等她去世之后就可以自由，这样期望其去世来获自由的观念是不正常的，一定会引发许多矛盾心理和不愉快的后果。

（4）素梅家里虽然只有祖母一人，但她一定有亲戚、朋友、邻居，而这些背景可能都是守旧迷信的，你入其门一定会发生各种生活上的歧见，也许比你妈更厉害。这是你所吃不消的。

（5）为保持你们的新生活、追求你们的共同理想，你们应该与旧的世界保持一段距离，不要去罗东，也不要回台中[①]，等我回去把环境改过来为止。

（6）当然素梅祖母的赡养是义不容辞的，要是她希望有个孩子来继承萧姓，你也可以答应，但最好是请她到高雄同住，才可以避免一切旧生活环境的牵累。

（7）你可以说高雄有适宜的工作，叫素梅到高雄同居，她祖母也可以一同带来，这样就可以慢慢等你妈认为适宜的日子才回台中住几天，正式举行婚礼，请请客，即回高雄工作。这不是三全其美皆大欢喜吗？你们的喜事应该让大家同享其乐，制造愉快的气氛和尽量避免摩擦，这对家庭的将来也是有好处的。

---

① 不去罗东，免得叶陶不高兴与伤心；而不回台中，免得萧老祖母不安。

如还有不能解决的问题，可以带素梅来一趟，我们一定可以想出一条美满畅行的道路来。

祝

冷静实现你们的美梦

一九五九·五·二

挺起胸来吧

亲爱的崩：

现在你必须要冷静一点。你自己找到的对象，妈已赞成了，素梅的祖母也要你们快一点完婚，我更是高兴你们明智的选择，希望你们早日建立新家庭的，还有什么迷惑所在？你说的那些细节，我想都是很容易解决的，挺起胸来吧！不要灰心。

上周我已经告诉过你了，不好的风俗习惯固然要改，但这些观念都是根深蒂固的，不可能一朝一夕把它改掉，你可以尽量迁就一下。要是我在你们身边，帮你们处理这些事情还容易。不过，只要你们冷静一点，明智一点，抱着“固执原则，细节可以让”的态度来处理，我想不会太难的。不能走直线的时候，你们应该想办法转弯。

你不是说老祖母经你说服，已经答应“招婿”不必了？不要聘金，不要饼了。那么你妈妈布置房间，只要请她简单一点，花费也并不多，让她好了。至于时间，你也不必与她争执。素梅既然同意了，你们随时可以在高雄同居，把老祖母请到高雄赡养，待你妈高兴的时候才回台中去住几天，正式举行婚礼，请请客，应付一下不就好了吗？

这样让她高兴一下，得到一点安慰也是好的。花一点钱能够买到和气与温暖的话，也是值得的。

十年来，她过着枯燥的生活，儿子的结婚不仅是你们的大事，也是她念念不忘的大事。只要她不来阻碍你们的新生活，让她痛快一下也是好的。你们必须同情她。

但为了建立你们的新生活，你们一定要与她保持一段距离（最好在高雄暂居），才不致天天闹意见，这是很要紧的。我衷心在等待你们的好消息。

祝

快乐

一九五九·五·九

永远不致成为老顽固

亲爱的绢：

好久没有来信，很念。昨天我从你给你大哥的信里看出你苦闷的影儿，却弄不明白原因，心里很着急。因大哥碰上了困难，你不愿加添他的负担是对的，但总应该把你的心事告诉我呀！爸将永远不致成为老顽固的，相信能够了解你们年轻人的心，你却对爸爸没有信心了！爸是经历千辛万苦还自若的，无论什么事都不必怕我烦恼，不会的。弄不明白原因而瞎猜才是糟哩！你快把详情告诉我吧，以爸的经验能够帮助你解决问题也说不定。千万不要一个人闷在心里，这是不健康的。下面给你妈的信，你好好观察她看过后反应如何，详细同你自己的问题一块写来好吗？

一九五九·五·十六

把台湾山脉当银河

亲爱的陶：

十四日资崩忧头苦脸来见我，今天欢欢乐乐回去了。

这次争执，我已经了解了。资崩也明白了他自己的判断错误，以后当会更冷静、更明智来处理这件事，你放心好了。

去罗东入赘是不行的，我赞成你的意见。

两天来，我想了几种办法叫资崩带回去试试看，如不能说服女孩子的祖母，资崩将会学你我的结婚经验去争取[①]。你应以快乐的心情等待着，以冷静慈爱，温和的态度鼓励他们。关于自由结婚，你我都是老将军。你可以回忆回忆，把那一段甜蜜的故事说给孩子们做参考，这可以启发他们的智慧，是很有益处的。

素梅这个孩子，一般风评都很好，对于她，我也有很好的印象。她与资崩的确是一对很难得的配偶。你一定要帮助他们完成他们热烈的愿望。

结婚的形式等，如一时谈不拢，就暂时按下，等我回去后

---

① 不理会父母的反对，意指不回罗东，亦不回台中。

（不久了，只有一年余）一定可以解决。现在就让他们像你我当年一样发展，结合成一个整体，使他们安心，让我们也得到安慰吧！

资崩也高兴答应了，如没有其他办法，在我回去前的一年余中间，他可以做牛郎望着织女，把台湾山脉当银河，一年余的时间不太长，台湾山脉也不像银河那么宽，交通更是方便了，绝不致牛郎织女一年才能会一次面。你可以在台中家里布置一间朴素舒适的会合处，让他们高兴时随时可以从南北赶来会合，正像我们年轻时一样。这将比我们的故事更甜蜜，更有趣，你也高兴了吧？

其次我想跟你谈谈收留天生兄那个太保儿子在家里的问题[①]。这件事是很噜苏的，你应该好好再考虑一下。

因为经济问题，可以叫资崩、阿建节俭一点，多寄一点钱回家，他们总会愿意的。孩子们都很怕这个太保的胡乱行为将带给我们祸害。

在台北时，阿建、资崩已经为这个太保伤脑筋，这是我亲

---

① 李天生先生的棘手公子。杨建在大同工专时曾担任他的家教，因为逼他紧，不给时间带他去看电影，故暗藏利刃于床席下要对付杨建，幸其姊发现得早。李公子初中一年级念了五个学校，最后在元培中学被开除，李天生先生就将他带到台中，交由叶陶管教。因为他是危险人物，所以杨逵非常担心且反对他住在台中。在杨建担任家教时，正巧杨逵被提回台北，因此，一切经过情形他都清楚。

眼看过的，也相信你没有办法把他带好，以致误人误事。如果再坏下去或者闯出事情来，这责任你是担负不起的。而且他的行为很可能会给我们带来许多不可收拾的麻烦。偷、骗、撒谎、破坏，他什么都会。

秀俄的事情是你“引鬼入宅”才发生的[①]，问题发生以后，你又不会处理。给她那么重的打击，吃尽了苦难，这样的错误是不能重演的。

这个太保，无论对内对外，都很可能带来灾害。

你过去因冒失犯了几次大错，几乎把我们的家带到破灭的路上，如果再来一次，你的过失是不能原谅的。你应该警惕一下，找机会把他快快送还他母亲。以后类似这样的事情，希望你不要再冒失，不要轻率答应。凡事应预先同儿女们商量一下才好。为保持一家的安静，这是很要紧的，你以为如何？希望写信来。

祝

安好

一九五九·五·十八

---

① 叶俊岩是叶陶家的远房亲戚，留学日本修习化工。当杨逵被捕入狱，正潦倒时，他从台南来访，叶陶留他在家，教导家人制造肥皂、肥皂粉，以及面霜、酱油等以维持家计，此时三姊弟都休学在家，以人力磨豆机自制豆腐出售。

暂时做牛郎织女

梅：

崩说你负了伤，才未能和他一块来，叫我吃了一惊。现在完全好了没有？请保重。

今天，我以待我儿女们的感情写信给你，谅你不会不高兴吧？十年来，很多初见面的朋友和我相处得像一家人，这一次得悉你们相许了终身，更有亲上加亲的感觉，我很高兴。

我知道，你们都有远大的理想与共同的志趣的，这与恋爱至上不同，希望冷静协力来完成你们的共同愿望。

由你给资崩的信，我看出你们都为了细节问题在苦闷，不安食、不安眠，这是不必的。双方的老人家都已经同意了你们的决定，有些细节问题的意见不同，是慢慢可以想办法来解决的，不要灰心。

固然你祖母与资崩妈都有些古老观念，是不合时代的，但风俗习惯是根深蒂固的，一下子很难把它改变过来。如果太冲动对待他们又会愈闹愈僵，你们应该冷静明智耐心来处理这些问题。

如现在不能谈拢，就暂时做牛郎织女也好。幸亏台湾山脉并不像银河那么宽，交通方便了，你们想相会时随时都可以相会。等我回去之后，我一定有办法帮你们完成你们共同的愿望的。

祝

精神愉快

一九五九・五・二十四

这眼泪是甜的

崩：

你由台东、花莲、罗东寄来的信都收到了。无论什么难关，都要保持冷静、耐心，就会生出明智来，不能通过的关隘是很少的。你已经做到了，曙光将会来临，我很欣慰。理想的人生并不是平坦的马路，你们为达成理想事业，将来一定也要这样，一关闯过又一关，不要怕。事过境迁，回忆起来，不是比看过一出好戏更要好。

为完成每一件事，都不能守株待兔，一定要努力说服与争取，却不能太性急。应让时间来解决的时候，就必须耐心等待一下。既然素梅也同意了你的看法与办法，两个人同心协力，还有什么难题不能解决的？

梅的祖母和你妈那些古老观念，固然是不合时代的，必须要改的，却也不是一朝一夕可以改过来的。他们的固执与迷信与环境很有关系，是你们应该同情原谅的。只要你们保持冷静和耐心，你们的爱与决心一定会赢得最后的胜利。事实上，她们也都是爱惜你们，期望你们得到终身幸福的。不要激动他们的感情，不专找缺点，多发现优点，母子就可以相安无事。特别要唤起他们年轻时代的回忆，使他们回忆起祖母的面影，隔膜自然可以打破。

你的祖母实在太好了，无论碰到什么艰难困苦，我总是想她在期望着我，而叫我精神百倍。我是没有眼泪的，只在回忆她时，才不能控制自己。这眼泪是甜的。但像她这样的好母亲是罕见的[①]。你妈脾气不好，比她差得远了，但热爱儿女的心都是一样的。找机会问她祖母的事情，问她结婚当时的事情，让她回忆回忆吧！我想她会流泪感动的。

这是教育你妈的唯一办法，同她争论是没有用的，这也反对，那也反对，是会闹发她的脾气而愈闹愈僵。

我热切等着你们的好消息，但也有耐心等到那一天——我回去帮你们把银河终身相聚的那一天——只有一年多，很快就会到的。

祝

冷静、耐心、明智，来完成你们共同的愿望。

一九五九·六·五

---

① 杨逵的母亲苏足是位温柔贤慧的母亲。

带点漫画气氛的家

亲爱的梅萌：

你们的信都收到了。今天正好是六月十四日，我猜想你们正在忙着布置房间，备办锅灶，萌在起火，梅在淘米，肉在砧板上才发觉没有菜刀，跑到邻家去借来时，饭已焦了，菜烧好了又找不到盐……少了这个缺那个，忙得满身汗。

一个新创的家，总是有一点漫画气氛的，将是快乐的回忆。

二十二年前我同你们妈妈在彰化开始共同生活时，就是这样可笑。

萌在内惟出世的时候，家里只有七个铜钱，请产婆的车资都不够，其后又患了一次大病；但现在已经磨炼成这么粗健的体魄了。一切可以乐观，没有什么悲观的。

这几天高雄的天气可能很热，而你们的心更热，这是很宝贵的，我毫无保留赞美你们。找找时间可以上山或到海边去玩玩，这是健康的娱乐，如吃饭、工作、学习一样重要。这一次梅虽因玩，吃了一次疼，也不必因噎废食，只要小心一点就行了。热度太高的时候，应保持冷静，跑车太快时，应检查刹车机是否灵敏，这样就可以保险不会再把木屑树叶子装进肚子里去。

梅的祖母不来，确是不能放心的，但你们可以找机会把她骗来高雄玩（老年人多是讲不通的，要像对待小孩用骗的），尽量给她舒适的新环境而安住下去。

结婚的形式问题，时间一定会帮你们解决，不要为它操心。

追求理想与建立新生活，困难是免不了的，但当你们克服了一关又一关的时候，信心就会加强，吃过的苦头便变成甜蜜快乐的回忆，好比看过一出波澜万丈的好戏，或者读过一篇津津有味的小说一样快乐的，不要害怕。

阿建被派到高雄工作，可以同你们一块玩、一块学习，很好。我的生活与身体都很好，现以三十年前作的一首诗，赠你们做纪念：

扬航出大海，风浪日常事，顺风虽爽快，逆风何所惧。

祝

精神快乐！

一九五九·六·十四

大小事都别闷心头

建：

九日来信收到了，你的工作与生活情形都不错，我很欣慰。派在高雄可以同哥哥常常见面，一块儿玩，一块儿学习是很好的。

你嫂嫂来信说，她十四日要到高雄，是不是已经到了？顺利到高雄来的话，问题便等于解决了，那些形式上的细节问题，可以慢慢想办法的，假如有什么阻碍未能出发，你也可以劝慰哥哥，叫他耐心再等一下，不会有什么多大麻烦的。

绢妹好久没有来信，上月十六日给她（光隆"国校"）的信，至今也没有回复，很念，你知道她有什么困难吗？大哥到这里来时，曾给我看过她的信，似有什么苦闷在心头，你晓得她苦闷的原因吗？无论大小事情，一个人闷在心里是不好的，你们做哥哥的应该查查看，帮她解决。如有什么不能解决的事情问题，就写来告诉我，我相信可以想出办法来帮助她的。她向来很乐观，现在的情形叫我很担心。你马上转告我的意思，叫她把所有的心事都明快写来告诉我，顺便寄两支沙眼药膏来。

祝

安好

一九五九·六·二十

跑车也要刹车机

亲爱的梅萌：

十九日的信收到了，几天来我一直在等着你们的好消息，也有一点担心，当梅要离开罗东时，是否会碰到什么阻碍？

今天收到你们一道写来的信，又收到建的很开怀的信，我大大地放心了。

看你们并排写在一起的信，我想象着你们一块儿玩乐，一块儿学习与工作的情景，快乐极了。

今天刚刚是六月份的庆生会，有酒喝。也权作是你们的喜酒，多喝了两口，祝福你们开阔的前途。

萌的性格，真诚热烈，好像一团炉火，也好像一部精致的跑车，太灵敏了，一点点刺激都会把他带进忧悒或热狂。热情虽然是很好的，但欠缺了控制就有一点危险，常叫我担心。

幸亏梅给我的印象是冷静与耐心，正好可以当一部很好的刹车机，我很可以让梅来控制这一匹野马不致脱缰。

我觉得你们是一对最理想的伴侣，萌可以给你们热力，梅可以控制这热力不致于热狂，而稳定开拓你们的前途，是多么美丽的一对啊！

建的信充满乐观气息，“笑口常开”是可以想象得到的。这也是受到你们快乐的感染。无论悲观与乐观，人的气氛都很容易传染的，我相信你们的快乐会唤起罗东的祖母、台中的母亲、妹妹们以及朋友们的笑声反应的，这多好啊！

祝

快乐

一九五九·六·二十七

明智耐心打开出路

亲爱的梅萌：

六月二十七日的信收到了，我很高兴、满意、快乐。我们虽然穷于物质，精神生活却是富有的，今后一定能更富，终成为巨富。这就是说：设使陷在万丈深坑，我们还可以保持乐观与信心，明智耐心打开出路，把快乐分给人们。

现在我唯一挂念的是：绢差不多半年没有来信了，我给她几封信也都不回，一定有什么烦闷在心，你们赶快查明白告诉我。我一定可以帮她想出解决办法的。

一年来，她负的担子太重了，经济许可的话，利用暑假带她来玩一下，开开心也好。

你们的婚礼可以慢慢来，但结婚登记是可以先办的。

亲爱的建：

二十九日与前两封信都收到了。哥哥说你近来笑口常开，你这乐观气氛，从你的信我已感到，很欣慰。游山玩水对于身体很好，与工作学习一样重要，一年来我无论寒暑，每天都励行游水两三百公尺，因此健康很有进步。有空时，多找哥嫂去玩是很好的。

哥嫂们的结婚是一个好榜样，你也可以积极一点去找对象了。

祝

精神快乐

一九五九・七・四

孤独如何打开呢

亲爱的绢：

二十九日的信收到了，你的困难我都能了解。

爸爸哥哥们都不在家，当你下班回家时，家里冷清清的，只有妹妹一个人被炊烟熏得眼泪鼻涕直流着，开饭时妈又不回来，有时回来了，也没有一句开心的话，在这样情境之下，你觉得举目无亲，得不到温暖，是很自然的。

因此，你想找谈心的朋友，与乔老师[①]多接触，又引起了同事的嫉视与疏远，这样的孤独，使你靠近了乔老师，在这孤独无依的情形之下，乔是你唯一谈得来的，你表现了热情，他求婚，但因你看过不幸的结婚太多了，觉得畏惧，不愿意谈这件事，唯一的朋友又冷淡起来，甚至采取了刺激行动……这也是很平常可以看到的事情。

不幸的结婚实在太多了，你觉得畏惧是有理由的，你拒绝与他谈这问题是对的。但现在的孤独如何打开呢？这是你最要

① 乔朴阳，乔老师是杨素绢在台中县立光隆“国小”任教时的同事，两人之后结为夫妇。

警惕的时候，要是受不了孤寂而发展成嫉妒，感情冲动盲目投下去的话，你便会失掉独立自主，将来是不堪设想的。

你虽说喜欢他，但单凭一时的喜欢，尤其在此孤独无依、饥不择食的不正常心理状态之下的喜欢，来决定终身伴侣是很危险的。结婚是终身大事，必须考虑到很多问题，而你们在一起服务才一年，你所见的世面又太狭了，年轻人的甜言蜜语又多的是幻想与装作，不可靠。显然是没有成熟的。

现在你就再忍受一段时间的孤独吧！这是很难受的，爸也替你难过，但为终身的幸福，短时间的苦闷应该忍受，这样对你是个试炼，对于你才是考验。肚子饿疯了，就拣着没有煮熟的东西吃下去，这样的安慰是瞬间即逝的，随着而来的一定会闹肚子。何况结婚是终身的，比闹一下肚子要严重千百倍。

无论学问、工作、结婚，适合自己的志趣才会有进步和快乐，是很要紧的，爸决不会有成见，像一般老顽固来干涉，反对你的自由选择，但因爸看到过不幸的结婚太多了，结果都是很惨，你的畏惧是有理由的，应该慎重。这是爸的真心话，爸为此苦恼了一辈子，也给你们许多不好的影响，真不愿意看到你们再踏上爸的覆辙。

由哥嫂这一次的经验，尤其是大嫂十年来的处世经验，你一定可以学到许多东西。利用暑假到高雄玩几天，同哥嫂们谈谈，对于你是有益的。

请哥哥们筹备一点旅费，让你同大嫂一块到这里来谈谈，对于你一定会有帮助的。也许妈不许可，你只说到高雄玩玩就行了。

祝

耐心明智

一九五九·七·五

黑夜却有星光

亲爱的绢：

上周寄学校的信收到了吧？因篇幅只能叫你忍受，哦！怎么忍受这样叫人窒息的孤寂呢！也许你会觉得爸太残酷了吧？其实快乐与不快乐常常只是一念之差。

人面对着太阳时，便觉得遍地光辉，好像世界上没有黑夜似的；面对着黑暗则恰恰相反，这都是错觉。尤其纯真幻想、情感胜过理智的年轻人，最容易陷入这样的错觉。要是冷静耐心一点，便会发觉，白天里也有黑影，黑夜里却有月亮和星光。

现在你更觉得双手空空，好像举目无亲，其实，在不太远的地方，哥、嫂、爸都正在关怀着你，只要你不失信心，不拒斥，都会运用全力来帮助你的。半年来你不给我写信，叫我乱猜一场。这不仅你一个人闷在心里多受了苦，也加添了爸不少愁闷，如今你的遭遇正是我曾经克服过的，看得也太多了，一定能帮你找到出路。

亲爱的孩子！你出校门才一年，免不了处世经验是不够的，很多事情都不容易处理，这是每一个年轻人都必须经过的试炼，也是考验对方的机会，千万不要灰心。只要耐心、明智，闯过此关是没有多大问题的。

两个月前，大哥不也是陷入了如此困难？他来看我时是颓丧的，但回去之后却一帆风顺了。我的心肝孩子们的痛苦便是爸的痛苦，唯有你们都真正快乐，爸才是快乐的，决心走一趟吧！旅费哥哥们会想办法的。

祝

平安快乐

一九五九·七·十一

快车配上灵刹车

亲爱的梅萌：

你们决心“暂时安于不很惬意的工作，然后慢慢改善生活”是很对的。萌性急、梅能耐，萌性热、梅冷静，真是快车配上灵刹车，我多么欣慰！

绢来信详述了她的苦衷，我都能理解，她虽然正在努力求揭晓，到底年纪轻，经验少，天真又幻想，非得亲情的帮助是很难的。我又每周只能寄出一封三百字的信，心有余而字不足，恐怕很难发生有效的帮助。希望你们就近多多发挥亲情帮助她，这样才能打消她“举目无亲”的错误感觉。

她的心似已被抓得很紧，迷荡荡的，对同学、同事、学生、家人都疏远了，却又觉得孤独无依，她自己畏惧谈婚姻问题，不谈之后却又觉得甚不快乐，这样的矛盾、不正常的心理状态，是很危险的。

亲爱的梅：

你们同是女孩子，加上你十年来的经验和冷静耐苦的性格，一定能给她很大的帮助，就叫绢利用暑假到高雄玩几天，于你的斗室中同她彻底谈论一下好吗？如能带她到这里来谈，是更好的了，但你刚就职恐怕不方便吧？

对于乔老师（向绢求婚的同事）我们完全不认识，自然不能支持，也没有反对的理由。绢说喜欢他，相信可以互相帮助。我是主张自由选择的，本来不会有问题，但绢的话难免有“情人眼里出西施”的成分，不很可靠。我们应该帮她考验一下。你们可以劝她暂保持一段距离，耐心等待两年，多考察以试炼自己，考验对方，再做决定。不幸的结婚实例太多了，绢的畏惧是有理由的，而这些不幸都是由冲动草率的决定导致的，我们有责任尽力帮助她，免致因一时的迷惑而误了终身大事。

因绢吩咐此事不要告诉任何人，你们不要说我提起这件事，最好耐心逼她自己说出来。

在穷的生活中，祖母的生活应列为优先，每月照应，工作情形也说得好一点，让她安心。

祝

安好

一九五九·七·十八

跌倒了，爬起来

亲爱的陶：

素绢初出社会，因幻想纯真缺少经验，在工作生活各方面都碰到了很多困难，正在苦闷中，利用暑假带她来玩，以便帮助她解决问题吧。

亲爱的绢：

我把你的信反复看过十几次，字背之音都听见了。你的困难是年轻人都会碰到的，我也是曾经碰到过的一人。初出校门时，谁都是幻想天真，一切人事物都生疏难应付，跌了一跤又一跤是免不了的，这正是人生的试炼，也是对朋友伴侣的考验。记得你分发时写的诗有一句“跌倒了爬起来”，相信你是有这勇气的。自然，谈诗容易、实践较难。应毅然闯过此关，跌倒千百次都不灰心，才能在失败中发现进步的足迹，慢慢养成乐观的精神。

人生是最复杂的，想了解自己都不容易，要了解别人更难。虽然如此，只要保持冷静耐心来运用明智，还是可以慢慢加深了解的。这就是说：不能单凭一时的高兴和表面的言词来判断任何人。

因为幻想的、感情的语言都不一定是真的，甜言蜜语中伪装的成分又多，应在较长时间的相处中，从各方面搜集数据才能正确地了解。

你说同事们谈不来，学生也不像从前亲热了，这可能是你的态度有点不对。我知道你太热情了，容易热衷于某一件事，而疏远了其他一切，走进了牛角尖。热情固然重要，但必须有冷静的控制，才不致像飞蛾扑火受损伤。不要因一时的冲动、狭义的快乐而忘记了终身的幸福。一周只能有三百字的一封信，很多要谈的事情都不能谈得透彻，还是请妈妈带你来玩一下吧！爸一定会帮你解决困难的。

祝

安好

一九五九·七·二十五

不被甜言所惑

亲爱的陶：

素绢初出社会、缺乏经验，工作上、精神上各方面都碰上了许多困难，在苦闷中，希望你能利用暑假带她来谈，以便帮她解决问题。

亲爱的绢：

我把你的信看过了好几次，你的困难我都能了解。初出校门，谁都是天真地幻想的，一切人事都生疏难应付，跌倒了一次又一次是免不了的。这正是人生的试炼，也是对朋友、伴侣的考验。记得你毕业时做的诗中有一句“跌倒了爬起来”，我相信你是有这勇气和决心的。跌倒了千百次都不灰心，才能在失败中发现进步的足迹，慢慢养成乐观精神。

你学会“逆来顺受”显然是进步了，如能学到“不破甜言所惑”，那才是更大的进步。现在规定：每周只能寄一封三百字的信，你的问题都无法谈得透彻，还是请妈或嫂同你来玩，我们可以彻底谈谈你的困难，解消你的苦闷。

祝

安好

一九五九·七·二十五

考试成败不必介意

建：

来信、一百元都收到了，你回家看了情形如何？看绢的信，她情绪非常恶劣、苦闷、想不开，这是很危险的，你应时常写信帮她解决问题。她如能来一趟更好。因给她的信超过三百字，我这次被罚停止通信三个月①，暂时没接到我的信也不必挂虑，我的身体与生活都是很好的。

梅、萌：

你们在不如意中，决定安于不合适的工作，慢慢再来改变生活，很对，我快慰极了。关于停止通信事，是因为顾念你们兄妹的艰难心切，无意中所犯，正想写报告请求宽大处分②，放心好了。妹妹你们可以就近帮助她，叫她婚姻问题慎重考虑，不要太早答应，我就可以放心的。你们在艰苦中，罗东祖母的生活费应列为第一优先，按月汇寄，我这里身体生活都很

① 绿岛受刑人被规定每周只能寄一封限于三百字以内的家书，杨逵因有一次超过规定而被罚三个月不准写信回家。

② 因被罚禁止通信，拟提出申请解禁，但结果并未获准。

好，不必勉强。碧妹已尽了最大努力，考试成败不必介意，如果失败请妈不要责骂她，大家要安慰她。

祝

安好

一九五九·八·一

可以饿肚子尽孝吗

梅、萌：

爸接到你们的信，得悉你们为完成老人家的心愿，正式在台中与罗东举行结婚披露之礼①，很感欣慰。同时对于你们未能解决入籍问题而起的烦恼，也很关切，这问题虽然是芝麻大的，不关重要的问题，但却是你们母亲与祖母双方争执的重点，希望你们不要为此太迁就一方而激怒了另一方。

你们最好对这古板的双方都应保持一段隔离，避免再惹起争执，这样才可以保持你们的安宁，爸才可以放心。

爸的意见是，你们可以藉职业关系，暂住高雄，如有必要就在高雄办公证结婚，另成一家籍，既不要入台中，也不可以入罗东，她们便无话说了吧。

八十岁的老祖母，让她孤单一个人住在罗东，自炊自洗，固然是不能放心的，但她固执不搬出来跟你们住在一块，也是没有办法的。现在工业社会不比从前的农业社会，人为了学

---

① 在台中借台中妇女会礼堂举行结婚仪式，在罗东又另举行入赘婚礼仪式。

习，为了工作，是不能一生待在家乡这小天地的，如此是不能进步，也很难谋生的，难道你们可以饿着肚子尽孝吗？

只要你们把经济情形改善一下，多寄一点钱给她，让她不致有饥饿之忧，做得到的话，再多寄一点钱，请邻居给她包饭包洗，早晚照顾一下，也就够了。你们不是说她身体很好吗？那么就不必为此终日苦闷在心，更不可以因此放弃了开拓光明前途的一切愿望，而被她束缚在乡下里。

如此维持一段时间之后，小孩子出世了，就可以请她出来玩一下，看看曾孙（这是一般老人家所高兴的），慢慢让她习惯于城市生活，也许她就可以放弃原来的固执。

爸对于老人家的心理是很明白的，一般都不愿走动，不高兴离开家乡，更希望儿儿孙孙一大群聚集在她身边的，这感情本来是人性的自然表现，无所谓不好的，但却常常会使年轻人觉得似枷锁，束缚年轻人的活动与进步。

有一天你们要出国深造，必须远离家乡，爸难道就不会发生一种寂寞而难舍的感情吗？甚至洒泪惜别吗？同一般老人家一样，这感情是免不了的，这是很美的亲情，爸不否认它。但如果不能控制此感情，永远把下一代牵在身边，那就妨害了年轻人的前途，遗害万千，所以，爸决不会让自己陷入了这感情陷阱的，也不愿你们因爸的泪就踌躇不前，走入牛角尖。

老人家阻碍年轻人求进步、求发展的办法有二：一是像你们母亲的哭闹，另一是较斯文如你们祖母的洒泪陈诉，结果都是一样把你们牢牢牵在自己身边，以求享受。但这想法是大错而特错的了。儿孙已不能在物质上、精神上求得进步，大家聚集在一块过着饥寒（物质的与精神的）的生活，不仅无法得到快乐，更会发生各种摩擦，造成很多不幸的。却见家乡这样的实例太多了。

现在你们的劳动时间太长，工作情形也不很美满，但这是今天的现实情形，没有本钱的人都是一样，如果你们把这工作放弃跑到罗东去，我可断言，情形更坏，困难也会更多的，也许连可以糊口的起码工作都无法找到。

我猜想，你们去罗东求职环境比现在更差，如找不到适宜工作，收入减少了，生活不能安定，就会发生种种不愉快事情，而且母亲也会为此大闹一番，更使一家人都不能安宁。再说罗东的社会风气比起台中来是更落后、闭塞的，祖母的固执迷信也不会比母亲轻，所以如此的生活环境和生活方式，你终会吃不消的。

你说她已八十岁了，不会久的，想服侍到她百岁。这想法是再荒唐也没有了。人的生命是难测的，三年五年、十年八年都不知道，要是你们以这样的心理来服侍她，一方面希望她快死而获得自由；一方面又非在她之下，忍受一切不愿意的生活不可，这样不正常心理严重时会叫人发疯的。因为在不愿意的生活中，这种感情总难免会表现出来，要是给她看出来，说你们恨她不快快死掉的话，这是多么难堪呀！

祝

安好

一九五九·十月中

盼望有一个小农场

梅、萌：

来信收到了，建也来过了。你们都是软心肠的孩子，终被祖母的泪打败而放弃工作到罗东去了，这行动我是可以谅解的[①]。但也担心你们为了职业与生活方式将会碰到更多的困难。

去之、忍之，麻烦是你们自找的，你们应该忍受一切。

一家人在这困难重重的时候，最好是能够住得靠近一点，这样有问题可以互相商量研究，有困难可以协力解决，如今你们自己走开了，问题与困难将要加倍。

你妈已决定把台中的房地卖掉，迁居高雄，在市内开一个小小生果鲜花铺子，在近山开设一农场，种种果树和花木[②]。

这样一家人可以利用假期常常聚集，爬山、野餐、游泳、钓鱼多快乐！奔波倦了的，都有安静的地方休息、读书写作的

---

① 杨资崩与萧素梅接受杨逵的建议，不回罗东，不回台中，双双在高雄住下。奈何经不起萧素梅祖母的哭闹，又悄悄辞去高雄的工作搬回罗东。

② 此时杨建在高雄某兵工厂服役，杨逵来信要他在高雄觅寻土地或店铺，重建农园于高雄近郊。

据点，我回去之后更需要这样的地方。这样的经营，卖地所得的资金足够用的，不必依靠别人，希望你们协力建好一个基础。将来孙子们多了，可以集中教养，你们想出外深造时，也可免牵累和后顾之忧。

详情等阿建实地勘察后会告诉你们的，希望你们也提供意见。我猜你们现在的情形是不能维持多久的，要预先有一个设法。

今天起可以照常通信了①，只因为家人四散，四周才能轮到一次给你们②，许多事情无法详谈了。

建说你要当苏花公路卡车捆工③，这类工作是很危险的，千万不要冒险叫我昼夜担心。应找较安全的职业，工作吃力、收入少都没关系。只要安全，穷一点是可以忍受的。

一九五九・十一・一

---

① 被禁止通信的三个月，在十一月一日解禁了。

② 叶陶、杨素绢、杨碧住在台中，杨秀俄住在花莲，杨资崩住在罗东，杨建住在高雄。每周只能通一次信，所以要轮回四周才能接到杨逵的信一次。

③ 杨资崩自搬到罗东后，生活毫无着落，曾摆过路边摊，但收入不佳，所以才萌意到专门跑苏花公路的卡车行应征卡车捆工。

身体我会注意疗养

建：

来信收到了，又麻油和安冬眠[①]也都收到了。你向来做事认真、性格冷静，自我们谈过之后[②]，更加强了我的信心，觉得轻松多了。我的身体我会自己注意疗养的，放心好了。

这次你请黎分队长[③]带来东西，因我们不谙这里规定，手续错了，害他碰到了许多麻烦，很对不起他的好意[④]。今后送

① 杨逵因担心家中变故，又有较严重的神经质，所以经常失眠，要杨建寄麻油补身，安冬眠是一种镇定剂药物。

② 杨建于十月中，向兵工厂上校主任请半个月假赴绿岛探亲，在绿岛住了整整十五天，每天和杨逵面谈，这段时间的三餐都是由董登源先生负责的。

③ 假满回到台东时，有一位长官黎队长同船而行，因为他晕船，一路由杨建照顾。

④ 杨建不懂绿岛新生营的规矩，顺便在台东准备了杨逵所要的麻油与安冬眠，烦请他带回，结果据说黎队长遭到相当大的麻烦，挨了不少官腔。

东西一律用邮寄，金得[1]药配好了，也叫他用邮包寄来，不要托人带了。

一九五九 · 十一 · 七

① 叶金得是杨逵的大女婿，后来更名为叶俊岩。

有问题我们协力研究

绢：

好久没有来信，你们都好吗？爸也因故三个月不寄信了，但身体还不错，放心好了。

今后可以照常通信了，有什么问题或困难，都可以写来，让我们协力研究。

上个月建来过了，我们谈了许多家里的事情，以及将来的计划，我想他已告诉过你们了吧？

我觉得，现在我们家太四散了，大哥在罗东，二哥在高雄，我又在这里，致使你们碰到问题和困难时，都得不到帮助，是最大的遗憾。我和二哥商量了一个办法，尽量使大家能住得靠近一点的计划，如能实现，大家可以常常团聚，一切都会方便得多的。

我相信建会推行这一计划的，我回去之期也不久了，家境一定也会慢慢好起来的。

一九五九・十一・十五

注意现实，打消幻想

梅、萌：

来信收到，你们都能吃苦，暂时这样维持一下也好，等我回去再说。

你说绢也在计划出走[①]，这问题很严重，要好好劝慰她，再忍耐一段时间，我回家之期快了，一定会帮她解决问题的。

青年人陷入情网是很平常的事情，只要本人不太冲动，两家人处理得适当，也是人生必经的一重要课程。

我担心的是怕你妈不会处理事情，越弄越糟。

绢来信曾经说，中秋前同梅谈了好久，谈得很好，她是感佩梅的，希望你们找出她所面临的及将要碰到的问题，写信同她讨论，开开她的眼界，帮她注意现实，打消幻想。

她初出社会，性格天真，眼界又狭，最怕她理性不能控制感情冲动，那就糟了。

她的对象我不反对，但不能赞成，因为她这感情是在家里纷乱、没有温暖及孤独无依中发生的，很不正常。如我回去，

① 叶陶当时尚有很深的地域观念，因为乔老师是外省籍，所以婚事又受到她的阻挠和压力。

一切恢复正常后，他们又经过一段冷静时间来互相考验坚定了信心，我一定可以帮助她完成其愿望的。

叫她现在不必拒绝，也不要答应，必须经过一段时间来加深认识才好。现在决定实在太早，如轻率答应了，将来一定会引起许多麻烦。如果她的看法不错，水到渠成，没有问题的。现在不要急，更不可以出走，这是很危险的。

一九五九·十一·二十一

急性会踏上覆辙

绢：

大哥来信说，你在计划出走，这是很危险的，应该好好考虑一下。不要为了追求一时的快乐，赌一时的气，或者不能忍受短时的苦就自暴自弃，毁了自己的前途。

你不是说再过一个中秋，我们就可以团聚了吗？我回去之后，一定能把一切家境改观，让你们发挥自己志趣的，无论学习、工作与结婚。

你可以相信我不会成为你们的绊脚石，相反的，我一向，将来也一定会为完成你们自己的愿望而设法的。

难道十多年都忍了，这十几个月就不能再忍一下吗？

你看到大姊的处境吗①！看你妈的性格和作风离我又多远！但结婚，孩子出世了，就难得逃脱一条绳子非吃一辈子的苦不可了。这都是感情冲动带来的不幸，也是为了一时的快乐造成的一辈子不快乐。人要认识自己都不容易，要认识对方是更难的，你们应留一段冷静的时间来互相考验一下，千万不要

① 因杨秀俄的不如意婚姻为前车之鉴，提醒杨素绢三思。

因急性而踏上覆辙。结婚是终身大事，一定要考虑到许多因素的。匆促的结婚，十之八九都会造成悲剧，那是很可怕的，其例你也看得不少了吧！

一九五九・十一・二十八

三思而后行

建：

安冬眠可以用，Vita-Poly刚收到[①]。是对的。我的体重已有进步，现在是48 kg了，放心好了。

金得的药也收到。

横山的土地既然缺水[②]，是不能用的，暂时按下。如搬了家，你同绢的薪水勉强可以维持，妈的花果生意看她的意思，做可，不做也可以，不要勉强。

只要大家的心情能安定，穷一点没关系。为此，如能请妈利用冬假带妹妹们来一趟，谈谈，也许可以把她们不好的情绪缓和一下。

萌：

梅快临月了，工作不方便，小孩出世后，你的担子便愈来愈重。做事要有计划、多商量、有耐心，三思而后行，才不致

① 安冬眠，镇静剂药物。Vita-Poly，综合维生素。

② 在杨逵的催促下，杨建到燕巢乡横山求助于董登源先生，结果在横山附近看到一座山，似可耕作，但经过深入调查结果，水利不甚方便。

走入牛角尖。一旦开始做时就不要三心两意，耐心坚持到底，不可以半途而废。

我知道要在北部找职业是很难的，重整花圃的计划不错[1]。快把土地情形（交通、水利、土质、面积及周围的情形）及详细计划（资金与收支预算）写来，以便研究。如一切条件都不错，而台中的房地能早日脱手[2]，就请妈拿一点钱出来做本好了。不要再为点刺激就发牛性，帮人要先量力及研究办法，才不致救不了人，却自己先被淹没。

一九五九・十二・五

---

① 杨资崩自从北上以后，一直很落魄，职业尚无着落，计划重建花圃的工作乃成了空中阁楼。

② 因为重建花圃需要资金，所以杨逵一直催叶陶把刚买下经营不久的土地卖掉，给杨资崩在台北创业。

文艺是现实人生

梅、萌：

百元、信都收到。你们生活很艰难，暂不要勉强。我需用钱时，建会寄来。祖母孤独，吃饭要钱，按期寄给她要紧。快谋安定，多寄一点，请邻居包饭包洗，三两月探问一次安慰安慰。在一起固可安心，若生活问题不能解决，一块挨饿更糟。花园地如有适当的可租，把详细情形写来，我将请妈筹备资金。为健康、安定生活和读书，种花种菜、养鹅鸭是最理想的。多给绢妹勉励。

绢：

你要学跑五千米的精神来忍受艰难，一切无法解决的问题待我回去再说，很欣慰。爸一定支持你自己的选择，但也要帮你观察考验和认识。这为乐的前途是不可缺的。你的文艺素养不错，应继续努力，切不可功亏一篑，半途而废。文艺是现实人生的写照，不是幻想，对于自己，对于社会，都应有深入的观察、体会，才能有成就。让这一次苦难的经验成为你的血肉吧！

一九五九·十二·十

要大家同意才可推行

建：

绢来信说，她的事要等我回去再说，可放心了。卖地事，妈还是三心两意，可能影响转勤事[①]，一切要大家同意才可推行，不要勉强。萌找职很难，开花园是最好的出路，请妈速为他筹备资金。大姊寄药收到了，转告她放心保重。

陶：

萌因辍学、做杂工被人看不起，以致工作不能安心而苦恼。我们做父母的都有责任。这次要在台北开花园，很适合他的脾气，应速为他筹备资金一万，由事实证明你对他的关切，也补尽一点欠他的责任。借可、卖地也可以，一定要速，才可解消他的彷徨与误会，恢复信心。我希望每个孩子都能保持健全的体魄、乐观的精神，等我回去便可重建辉煌的事业。要是身体坏了，精神颓丧，留得再多的家财也无用。不要让我灰

---

① 杨素绢在台中县光隆“国小”任教时，偶遇不如意事，受同事的嫉妒与排斥，心情恶劣，想改变环境，杨逵建议叶陶帮忙想办法。叶陶曾任妇女会理事长。

心，就可安眠，恢复健康，回去后一切都有办法。为了生活，房地贴光也没关系，唯有和气、健康，才有快乐的晚年。很多事情要商量，如能带绢、碧来一趟更好。

一九五九·十二·十二

凡事不要太勉强

建：

一百五十元收到了，我近来睡得好，体重增加些，放心好了。

资崩因祖母的牵累，暂时不能离开台北，又说有朋友的土地在三张犁可租①，我已叫他把土地情形详细调查了一下，如可以用，就集中全力支持他。因为人力、资力，都不能两兼，横山的计划只好暂时按下。

绢来信曾说，卖地事，妈还是三心两意，那么，只能延还银行借款来筹备资金②，支持大哥。好好商量一下。如能请妈带妹妹来一下，可以通盘研究。凡事大家同意才可推行，不要太勉强。

---

① 杨资崩在台北三张犁找到一块土地，想租来经营农园的计划，后因资金短绌作罢。

② 台中的土地与房屋，一部分是向银行借款，杨逵的意思是延还银行借款，以支持杨资崩在台北的花圃计划。

俄[①]：

来信和药都收到，这药不错，吃过后很有进步，够用半年，放心好了。你再养了小孩，母子都平安，我很欣慰。生活艰难可以忍耐一下，等我回去后想开农场，你们可以从事农产加工工作，这样既可以团聚，生活也可以安定的。

一九五九·十二·二十六

① 此为杨逵顺便给长女杨秀俄的信。

保持乐观精神

陶：

新年又过去了，再十五个月我就可以回去了，过一个中秋，一个年，很快就会到的，希望你们再忍受一下。我回去以后，一切可以复原的，快乐的晚年是可期的。

现在我最担心的是，资崩在台北当一个送货员要维持他们几个人[①]，生活一定很苦，素梅又快要养孩子了，不能外出找工作，等养孩子时负担愈加重，一定要想办法支持他，使他们的生活上轨道。

萌来信说三张犁有朋友的土地可租，我已叫他把土地情形详细调查，如适宜于种花，让他在这方面去发展，他既有经验，也有把握的。

希望你筹备些资金，如银行借款可以延还大概就够了。

我希望每一个孩子都能安居乐业，保持乐观的精神干下去，如此就是把所有的东西都变卖填充也可以的。只要孩子们都能保持健全体魄、乐观精神，我回去之后要重建辉煌事业是

---

① 杨资崩、萧素梅以及萧的祖母。

没有问题的，快乐的晚年自不会发生问题。

祝

安好

一九六〇・一・二

过分的捧迎是灌迷汤

绢：

确切的答复我不敢。对一个完全没有认识的人，不能武断说“否”，更不能胡涂答应，这样会误你的前程，爸只想帮你加深认识，你要自己作主。

“结婚悲剧太多了。”你自己这话不要淡忘，每天报上不尽是叫人提心吊胆的事例吗？

你说你冷静，却显得表现着迷荡荡的，真叫我担心。过分的捧迎是灌迷汤，能叫人昏头昏脑，应避开。如早晚送迎就当起“妈祖婆”来，最危险。

凶行易避、甜言难防。自信心应以马拉松精神磨炼出来，捧迎造成的，很快就要变成破灭。不要埋怨爸对你的眼光无信心，爸对自己的眼光也不敢轻信。因为迷汤这东西五花八门，最容易受迷，非经久不能显出。吃点亏倒无所谓，婚姻不能鲁莽。

名利、地位、学历自然可以不管，只要品格真诚，经久越发光辉、不会损坏，耐心等着，如愿以偿。但一定要避开捧迎和赞美，扫除迷汤，才能加深认识，不可轻易答应来自误。

最最惦念着你的爸。

一九六〇・一・九

有个好玩的公公

秀俄：

寄来的药早收到了。吃过之后，身体很有进步，足够吃半年之用，放心好了。你们母子都平安，很欣慰，孩子长得很好了吧？金得的生意是不是做得顺利？能够勉强维持一下就好。再十五个月，爸就可以回去，计划将来开一个较大的农场，大家可以团聚。你们对种植、农产加工都有经验，工作是不必愁虑，孙子们的教育更没有问题。

爸爸好久没有给你们信了，这并不是爸爸懒，也不是忘了你们，因为每周只能寄一封三百字的信，弟妹们既离散，问题又多，实在应付不了。

春节又到了，爸不能给孙子们压岁钱，让他们高兴一下，觉得很遗憾。你就把往年我们在园里过年的快乐故事讲给他们听听吧，这样，他们便会觉得有一个好玩的公公多有趣，自然会发生乐观的期望。这是爸唯一能够给你们的礼物。

祝

新春快乐

一九六〇·一·十七

一样的心情

梅、萌：

来信收到，我很高兴，也很担心。妈、妹们昨天来了，都是一样的心情。妈说生产是件大事，特别在头胎应该十分小心。她很想去台北照顾一下，只因为不能离家太久，而且在台北一切都不方便，不如你们暂时回台中好。环境清静，产前产后的疗养方便，助产士又都是熟人，可靠，既方便又安全，自然我是可以放心的。预定日很快就要到了，快准备回来吧。一切费用妈回去后随时会筹备的，你们不用操心。要是你不能回台中，把梅送回来，待满月再去也好。

如你所说：台北已无固定工作，生活费又高，据建说：大荣[①]希望你回来，等有机会想派你去日本，我想也不错。要是不愿意回大荣，在高雄开农场也可以[②]。这样可以替我建立一

---

① 高雄市鼓山区大荣制钢有限公司董事长李天生，在杨建即将退伍前夕，来电要杨建到大荣变电室负责全厂的电机修护工作，一并要他转告杨资崩，大荣欢迎他回来。

② 同时杨建也在高雄筹划找土地的事，准备全家由台中移居高雄，为杨逵出狱后重建农园做准备。

个基础，让我回去可以马上安心工作，省很多的时间，最好没有的了，详情妈、妹们会告诉你的，回台中商量一下吧。

一九六〇・二・六

不必依靠别人

梅、萌：

来信收到。妈、妹们今天回去了。玩得很痛快，对于将来的家庭重建计划也谈得很投机。妈的脾气固然坏，优点却也不少。你们应该原谅她，用不着害怕。爸离家太久了，妈因寂寞与艰苦，脾气暴躁一点是免不了的。但她却一直喜爱你们，对于梅的生产特关切。她希望你们暂时回台中生产，待满月再走。为使祖母高兴，孙子取母姓[①]，她也不反对。一切费用她回去后马上筹备，你们用不着操心。产前产后应该充分休养，过分操劳是不好的。家里环境清静，又有妈、妹们帮忙，助产士又都是熟人，一定安全可靠舒适。只要你们马上回家，我就可以不必担心了。

萌不愿意回大荣工作的话，也不必勉强，但台北既然找不到土地，就在高雄近郊找找看吧。有空可以去察看一下。把台中的房地卖掉的话，资金是够用的，不必依靠别人。农物弄

① 人赘后，孩子应从母姓以继承娘家的香火。

起来了，爸回家去后多方便、多高兴。孙子的名字下周告诉你们①。

一九六〇・二・十三

① 杨资崩即将出世的孩子的名字，杨逵提议替他取名。

日新又新，天天进步

陶、绢、碧：

由新港、高雄[①]寄来的信都收到了，你们一路平安快乐，我很欣慰。几个月来风浪是很大的，你们来回乘船时，却天气晴朗，海面如镜，天老爷实在太爱护你们了。但你们的体魄和精神倒也不错，可见经常的磨炼是多么重要的，应记功一次。为避免打屁股，我一定继续锻炼保养身体，以期胖到约束的五十五公斤回去见你们。大家都很关怀你们的旅途，要我代向你们问好。

梅、萌：

前两封信都收到了吧？我想你们已经准备好回家生产了。三月中旬很快就到，太迫近了恐怕不测。为安全计一定要马上动身。将来的家庭重建计划，回家同妈、妹们好好商量一下再做决定好了。将出世的婴儿，我希望他（她）日日新又日新，天天进步，这样保持求真的精神便能有美与善的表现，男的

① 叶陶、杨素绢与杨碧，利用寒假期间到绿岛会见杨逵，归途经由新港、台东取道高雄回台中。

“又新”“天进”，女的“真”[1]。妹妹贪心做姑姑，要我起三个名字，她的意思是多多益善哩！

祝

好

一九六〇·二·二十

① 杨逵替长孙取名字，男生的话取名“又新”“天进”，女生的话建议取名为“真”。

不能满身如刺猬

萌：

信到，叫梅回台中生产，是我提的，只为安全计。妈答应让你们满月就走，婴儿取姓随你们便，也希望你们快把工作固定，切实赡养祖母的诺言。

不能再说妈自私这类话来刺她牛性再发，使弟妹不安，来扰乱我的情绪。计划在高雄开农场，固然我有一点自私的意思，也是为你们想种花在台北找不到土地而设想，没想叫你和妈两只野牛住在一起找麻烦。自力更生是对的，互助合作更要紧，不能满身如刺猬，到处伤人。赡养祖母是对的，但方法要考虑，饿着肚子说空话搞不通。在罗东几个月的摆摊经验[①]还不足为训吗？梅的态度很好，你要向她学，你不愿到高雄，算了，我回去再说。婴儿出生以后，你们负担够重的，家又让弟妹挑。弟入大荣因收入较多开支省，工作较松可兼夜中课来

① 杨资崩自高雄搬到罗东初期，因为工作、生活没有着落，所以在罗东街头摆路边摊。

平衡家计[1]，正当工作换来应得薪水，他不致去管老板家事[2]。梅决定住院接生可靠，爸又放心了，你们写信好好安慰妈就是了。只要不再刺她，她是讲得通的，你们可以自由发挥。她怕的是你出生时，那种穷困冒险的重演，没有独占你们孩子的念头。

一九六〇·二·二十七

① 杨建退伍以后，就进入高雄大荣制钢公司变电室担任电机修护工作，夜间找些家教兼差。

② 因董事长家庭比较复杂，自从杨建进入大荣以后，一方面忙于工作，看点书，另一方面也不习惯于那种阶级的生活方式，除非董事长有特别交代，是不往他家里跑的。

一家四散患难中

梅：

产期将近，一切都准备好了吧？你决定住院接生，可靠，我可放心了。还要保持精神安宁才好。上月萌的信真叫我担心。学习工作都可以自由发挥，但情绪断然发挥不得。要是萌把如此的信寄回家，恐怕要刺妈牛性再发，你也免不了要受到影响。萌的能力是不错的，糟在没有耐性，感情冲动，时常要闹风波，以致家庭不能安静。这是很危险的。希望你好好控制他的脾气，让我安然度过此最后一个年头。

最近的提笔都是为你们的生活安定和安全设想的，工作不固定就有把赡养祖母的诺言，变成空头支票的危险，萌不能接受也罢了，无须如此大发牢骚。一家四散患难中，最要紧的是精神的安定，学术、事业的成就还在其次。你们住得远远的，只要保持冷静，一定说得通，妈也不能再找萌的麻烦的了。你们一定可以自由发挥。建要负起家庭责任来了，为平衡家计，去大荣比去大同好[①]。

祝

平安快乐

一九六〇·三·五

① 为了沉重的家计，杨建不自觉地认为大荣比大同好，所以就留在高雄。

需要安全稳定的家

建：

邮包收到，为什么不写信呢？妈、妹们自十五日到高雄以后，至今二十多天了，也完全没有音信，是否平安回家了，真叫我担心。如此叫我坐立不安，晚上睡不着觉，寄来再好的补药也补偿不得身体的消耗。快快把详情写来吧。

家庭重建计划，萌既不合作也罢了①，等我回去再说，你们也不必为此操心了。萌说要自由发挥，就让他试试滋味也好，叫妈不必再管他了，要是他说什么逆耳不愉快的话，也不要理他。既然不能合作，各走各的路好了。我们需要一个安全稳定的家，你向此一目标努力工作就成了。你的新职务②、工作情形如何？会不会太吃力？快快写来告诉我，不要让我担心。

祝

平安快乐

一九六〇・三・五

① 杨资崩常以祖母已八十多的高龄为理由，不愿离开北部。

② 杨建是三月一日到大荣报到。

有勇气面对现实

建：

邮包两件和信都收到。你迟延写信的理由我觉得并不充分。心里有什么苦恼，都可以照实写来，这样心情才能轻松一下，也不致让爸乱猜一场，心里不痛快。妈、妹们回去一个月了，至今还没有来信，是不是出了什么事？或是大哥给你们什么难题？无论什么天大的事，我都有勇气面对事实的，可能也有办法帮你们解决的。

不要隐蔽着拖，那将会碰到更大的困难，甚至失掉解决的机会。理想家庭的建设，将会碰到许多障碍是意料中事，不必灰心。尤其大哥的情绪不好，思想混乱，暂时可能无法合作，这也没有关系，我们可以慢慢来。总有一天，至迟在我回去以后，一定会回到正轨。他情绪不好，可能说些不愉快的话，也不必介意，终有一天，他会认错的。他说在新北投附近找到土地[①]，如能租到，就请妈给他筹备一点资金。

祝

好

一九六〇·三·十二

① 杨资崩在台北困境时，经常就是找朋友介绍土地。

长远计划的开始

陶、建：

萌无法合作，还是让他自由发挥吧！房地卖成功的话，留些给他做本，五块厝农地按下不要进行[①]。

绢：

八日的信收到，回台中后，费二毛钱、五分钟写一张明信片就可以让我安心快乐的，你们偏偏不做，害我担心整月连夜睡不着觉，瘦了几公斤肉，实在费解。

萌：

十三日的信叫我整夜不眠、想不通，现在脑筋迷迷糊糊的，身体已经支持不了。高雄农场你没有信心，不必勉强，要是三月两月就闹意见，出走，经济上的损失不说，精神上的打击也是受不了的，一个家可能因而毁灭。“无地花园”[②]是想种

---

① 杨逵认为杨建是学工的，关于农园重建的事，假如杨资崩不愿合作，恐怕没有信心，因而要杨建放弃筹备土地的事。

② 杨资崩在台北一心一意想有块土地种花，但是找不到适当的土地，经济条件也没有，所以他的理想被杨逵比喻为“空中花园”“无地花园”。

在空中吗？台北找不到地是你自己说的，在高雄，我的计划是多种果树，庭木、草花不必太多。南部树薯渣便宜，鹅鸭、奶羊可以多喂一些，以求自给，头一年要透支是没有关系的。一年后我回去了有多方面的发展计划，秀俄一家、祖母都可以接她们来同住，这计划妈、弟妹们都赞成，不是为了发财，是一个长远计划的开始。

要是进行中与妈的意见不合，你只要冷静同她说，我想她是会接受的。假如她不接受，你可以告诉我，我一定有办法说服她。只要你能压下你的脾气，耐心工作一年，我相信以后是很有趣的。

你好好想一下，要是没有把握忍受这一年，那就在未开始前说明白，干脆走你自己高兴的路，才不致愈闹愈糟。

梅：

你的信我很高兴，为了你们的安全，为了婴儿的健康[①]，以上半耕半读的计划你能赞成吗？台北已找不到地，就求其次，高雄也是不错的，你能到高雄来吗？

祝

安好

一九六〇·三·十九

---

① 萧素梅已分娩，产下男婴，杨逵为他取名萧天进，后来杨资崩将他改名为郁宏。

我的心是破碎了

萌：

十三日的信叫我整夜失眠想不通。我的身体已经支持不了，没有气力再啰唆。你没有信心，不勉强。要是三月两月又闹情绪，出走，经济上的损失之大不必说了，精神上的打击是受不了的。一家将因而毁灭，我们也将无再见面的日子，不如未开始前就干脆打消。我的乐观精神和天进给我的高兴，都被一笔勾销了[①]。

梅：

你的信真叫我高兴，但不到十分钟，就被萌的信打入地狱了。他自己说找不到土地，却又幻想着“无地花园”的好处，借口说人家害他的，要他做傀儡，这样胡闹真叫我寒心。你要好好控制他的脾气，为你自己、也为下一代。我的心是破碎了，没有希望了。

一九六〇·三·十九

① 可能又是杨资崩一封沮丧、消极、自卑的信，恼怒了杨逵抱着即将出狱重建家园的信心，平常他是不轻易发脾气的。

有一次爸爸发疯了

陶、绢、碧：

只要花两毛钱，五分钟，一张明信片就可以让我安心快乐的，你们却不做，害我担心整月，连夜失眠，瘦了几斤肉，论罪该打屁股。好在天进早几天带来了欢乐，不然的话我是决意辞职的了。兹宣布特报，辞意取消，打屁股也免了。但瘦了的肉非补偿是不行的。

罚你们亲手生产的火鸡两只，羊奶二升，鸡鸭蛋二十枚，明年四月我要带天进爬山玩乐时野餐用，你们可以陪天进来，但吃喝都要得到天进的特准。想吃个痛快，就先要巴结巴结天进的呀！

萌：

你的信叫我气昏了，损伤健康不少，论罪也该打屁股。因你为天进洗尿布、洗澡，服务周到（这是梅为你说情的），兹将功补罪。打屁股免了，但要罚你亲手生产的葡萄酒和水果各二十斤。你的吃喝不受限制，因为天进一定会袒护你，我的命令可能行不通。

梅：

你应记功一次，你把经过情形报告得有条不紊，经常体贴每一个人，造成了温暖和平的气氛有功，这次又特别辛劳，奖你天进的开心吻一次。

萌：

你已经做爸爸了，为了自己欢乐，也让大家欢乐，寻开心的孩子脾气虽可保留（我是保留着的），但应学习冷静耐心。可能叫人担心或者不愉快的胡闹孩子气，应该用心铲除。

梅：

你高兴半耕半读，家人多数也是这样的，应该合作，好好把我们的天进农园[①]建立起来。等我回去，一定有办法把祖母请出来同住。我当会待她如我母亲一样，你妈会说会笑，一定能够给祖母带来快乐的晚年，不要担心。

---

① 杨逵心情开朗时即幻想着他那重建家园的计划。因为天进的出世，他又把新重建的花园幻想为“天进花园”。

陶：

秀俄已经搬到台北了[1]，我想他们的生活一定很不安定，趁这机会应赦免她过去的错误，叫她回家团聚，让她参加我们的农园建设。为了孙子们的安全健康和进步，你应该这样做。孙子们是无罪的，不是吗？

天进：

你这个小小的生命，给我们带来了一片欢乐，扭转了家庭危机，我将为你准备一支“天进之歌”让大家合唱。

建：

天进带来了一片欢乐，我们谈过的理想、计划，实现的曙光快要看到了。要是你的心曾受到刺伤，现在都要丢到脑后了。大家应该互相原谅，互相赦免。把精神提起来吧！

亲爱的陶、亲爱的孩子们：

我写完这封信，觉得非常快乐。前天写了一封搁置了，昨天写了一封又搁置了。因为好几天来，连夜失眠，情绪非常恶劣，第一封可能叫你们跳起来，第二封可能叫你们痛苦一场，

---

① 杨秀俄由花莲搬到台北漳州街，与杨资崩邻近。

现在不寄了，只可留作后日，为“有一次爸爸发疯了”的故事当笑料。

每一个人都有优点也有缺点，单单数着其罪，刺痛人是不好的。我们应该鼓励优点，造成和气快乐，协力并进。我们都应该修养，爸也正在修养。

祝

平安快乐

一九六〇·三·二十

我正站在深渊崖上

梅、萌：

你们说要回台中一趟，天进一定会受到家人的热烈欢迎。这样的气氛应该珍惜，让大家在欢乐安定中度过离散伤心的最后一年吧！我很清楚妈的个性，以及十一年来她在寂寞不安定中给你们带来的委屈和艰难。但无论如何，一定要再忍耐一下，让我安然度过这最后一年。只要我能保持健康回去，你们的委屈一定能得到补偿，困难问题也都可以顺利解决。于台北种花固然有不少好处，但既找不到土地，空中花园是搞不成的，再迷恋固执也无用。

在高雄，妈找的土地，详情我也不知道，如不适宜，可以另找。要是找不到更好的，就应该将就一下，明年再说。只有一年，能够安静暂时维持一下就行了，贴一点本钱也无妨。

梅喜欢半耕半读，为小孩的健全发育，也不能再到处奔波了。好好同妈协调一下，有什么意见，可举事实冷静和她商量一下，可能会讲得通。要是讲不通，你可以写来告诉我，我一定有办法说服她。这样不再刺她发脾气，弟妹们可以放心，也是我最大的安慰。我不期望你们发财，我需要的是精神的安定，不是物质的享受。我是神经质的，多操烦的，要是给我太多的担心，把身体毁了，那就一切都完了，还有话说吗？现在的我正站在深渊崖上，安否全要看你们了。

一九六〇·三·二十六

空中花园是虚幻的

建：

信和邮包都收到，你的工作已入轨道，绢、萌来信也说，大家平安无事，我很欣慰。萌说下月中要带婴儿回台中一趟，似已决意参加农园工作，能这样下决心就好了。快把土地情形详细写来，以便研究一下。我近来失眠太久，感冒也迟迟未能恢复，多花一点钱，现在转好了，决心想好好利用这一年时间，多做些整理工作，多写些东西，需买几本书和笔记本。领薪水时多寄一点钱来。

萌：

二十六日的信收到，你的情绪已安定一些，我很欣慰。高雄的土地[①]你可以去察看一下，如不适宜，可以另找。要是没有更好的，就该勉强一下，不要耽误时间；有什么难题，都可以平心静气商量一下，不能解决的可以写来，我一定有办法向妈讲明白。台北已找不到土地，空中花园是虚幻的，不要迷

---

① 高雄方面，杨建也只多方面在筹措、察看而已，因为种种因素，并没有特定合意的土地可作谈判。

恋。梅是高兴晴耕雨读的，为了婴儿的美满养育，和我回去后的工作方便，农园环境也是最好的。基础弄好了，秀俄也可以安置一下，她孩子那么多，在台北奔波不是办法。十一年来的苦难都忍过了，到了最后一年，一定要再忍耐下去，等到回去一定能帮你们开拓你们称心满意的道路。

祝

好

一九六〇・四・一

建立一个理想的农园

建：

三十一日的信收到。不必急。房地等有人肯出相当价钱时再卖[①]。就是暂时卖不掉，理想的农园还是可以进行的。我的身体还有一点虚弱，想买些鹅蛋补一下，领薪水时多寄一点来。

梅、萌：

二十六、三十一日的信都收到，只要不再惹妈发脾气，大家能平安快乐度过这一年，我就可以放心了。房地卖不掉，你暂时还是做木工[②]维持一下吧。八月底有一位朋友会约你去白河（关子岭附近，自然环境很好）看土地[③]。他有三十几甲

---

① 急着要出售台中的土地并非易事，且价钱又将会吃大亏。

② 杨资崩在台北土地无着落以后，曾经营建筑木工工作，沿街叫卖修理门窗玻璃。

③ 白河有一个医生吕水阁先生，是杨逵在绿岛的同学，他八月底刑期满，又看到杨逵一直在为家里找土地的事烦心，所以建议提供，但日后杨资崩并没有去找他。

（有山、有园）的共业，可以合作，也可以请他们让几甲给我们经营。详细情形到实地察看商量一下。这地方离城市较远，自然不适合种植零卖草花。不过，果树、果树苗和菊花、花菖蒲等的大宗生产及种苗球根的生产是可以的。更可以换些饲料喂鸡鹅。因不零卖，倒比在城市种零卖花草有时间来看书写作，对于我们的整个计划来说也许是更适宜的。祖母的赡养问题不必介意，只要把一个理想的农园建立起来，我一定有办法请她出来同住，让她快乐享受晚年。大姊自然也可以安置的。

祝

好

一九六〇・四・八

兴趣是进步之母

建：

二十三日的信和两百元都收到。我们这里决定五月上旬再开运动会，为了提提精神扫除不好情绪，我决定再参加一次。两星期前已经开始练习，每天提早起床，在早餐前跑五千公尺，出了满身臭汗之后，殊觉身心爽快。感冒鬼已吓跑了，晚上也睡得好一点，三餐食量都有增加，营养也补给了，很快可以复原的，放心好了。萌既可以做木工暂时维持，农园建设慢慢来也好。土地常探听，有机会找找看是好的。我多位朋友也说出了他们所有的多处候补地，待我回去后，大家一块去实地察看之后，再做决定比较妥当。萌的脾气很怪，未经与他商量就安排下来的事，他都要意气用事找小毛病，很不满意的。脾气是难改的，不过这也无妨，我们就尊重他的意思以求协调吧。

你对你的工作岗位既觉得满意，又有高度兴趣，很好。兴趣是进步之母，与人能相处得好恰似添了手足，我相信你的决定是不错的。

一九六〇·四·二十二

不要把人家记恨记仇

萌、梅：

你们已带天进回台中，让家人高兴一下，我很欣慰。世界上的人没有一个是完整的，谁都有缺点，也有优点，你我也都是一样。错误是任何人都有的，不必灰心，也不要把人家记错记仇。互相纠正，互求协调，才可以过得快乐一点，也才能互助合作求得进步。开农园的事，我同许多朋友谈过，得到了很大的支持，八堵、台北孔庙附近、关子岭等多处有朋友的土地[①]，待我回去，我们一块实地察看之后再做决定。你的木工既有进步，就暂时勉强维持一下吧。天进发育顺利我很高兴，只要没毛病，爱哭一点没关系。找机会照一张相寄来。

俄：

你们搬到弟弟旁边，可以互相照顾，很好。不好了一个孩子[②]，自然痛心，但过去的事，再苦闷也无用，应想开一点。

---

① 杨逵的刑期越近，他要杨资崩找土地，要杨建找土地，他自己也请同学找土地，满脑子里就是为重建农园的计划在着急。

② 杨秀俄的次女因为白喉症不治而夭折。

等我回去一定能够建立一个比首阳园[①]更美好的环境，让孙子们得到更美满的养育，妈对你的成见也会改变的，放心好了。

娟、宗[②]：

你们都很有进步，公公很高兴。等到明年，公公会同你们玩得更快乐的。公公每天跑五千公尺，准备下个月参加运动会，你们能跑吗？明年我来试试看，不要输公公呀！

祝

平安快乐

一九六〇·四·二十九

---

① 杨逵在约三十岁时因得了肺结核而病倒，又他所主编的《台湾新文学》等刊物被查禁，因而开始在台中租地耕耘种花，取名为首阳农园，以实现他“穷隐处兮，窟穴自藏。与其随佞而得志，不若从孤竹于首阳”的坚定意志。

② 叶婵娟，杨秀俄之长女。叶宗能，杨秀俄之长男。

又一面锦标

绢：

好久没有来信了，你们都好吗？很念。

我们的运动会已经结束，我照样参加了游泳和五千赛跑，成绩都有进步，领到了很多奖品，又一面锦标。特别可以给你们高兴的是这一段练习期间，吃量增加睡得好，体重已回到五十公斤（增二公斤）了，长期感冒也好了。你们的运动会如何？你的贫血症好一点吗？要给医生检查原因，快快治疗才好。

妈的身体好吗？妹妹的学校生活怎么样？

大哥说上月中带天进回台中住了一周，你们都玩得很快乐吧？

一九六〇·五·十四

你太天真了一点

绢：

两封信都收到，你们都好，我很欣慰。你说时常碰壁，人生在世间，这也是免不了的，不必介意。不过，尽量想办法避免也是必要的。我想，你心直嘴快，太天真了一点，也许有时候会讲话伤人而不自觉，该检点检点。请妈妈想办法转勤，如能这样换换环境也是好的。

一九六〇・五・二十

以后可以过得更充实

建：

寄来《人类的故事》一书已经收到。有不少想看的书，以后可以过得更充实。又一个月没有来信了，很念。是不是有什么不痛快的事情困扰着你？如果是的，这样苦闷是很难受的，应该快快想办法把它打消。

你曾说现在的工作很有趣，与朋友相处也很好，那么碰到了什么问题都应该写来告诉我，以便研究解决办法。一个人闷在心里是不卫生的。

祝

精神快乐

一九六〇·五·二十七

有时间多看一点书

建：

五月底寄来的钱和《人类的故事》一书都收到。你们都好，我很安慰，我的身体也很有进步。现在并不需要什么东西，如经济不太困难的话，按月寄一点零用钱来就可以。

同封寄去照相两张，是跑五千公尺的纪念。你工作时间不太长，有时间多看一点书很好。

一九六〇・六・三

慢慢想办法

萌：

梅的祖母一个人住在罗东，自然很不放心，你们的困难我很清楚。但除了想办法把她请到台北来同住，我想不出有什么办法来解决你们的困难。慢慢想办法，把她请到台北来吧！这样她可以受到充分的照顾，你们也不致因此陷入工作上的困难。现在身边有一个婴孩，像从前你们在罗东做的那种深夜摆摊生意是吃不消的，对于婴孩的养育也不适宜。

一九六〇·六·三

幻想是搞不通的

陶：

秀俄和外孙们来信说，你们到台北同他们住了三四天，高兴得不得了。十年多了，这女孩子吃的苦也够了，一向我都很担心。你这次做得很好，你原谅了她，叫我很感激。你说素梅要去当事务员，婴儿谁来看？

如能找到裁缝工作在家里做，帮她买一台缝衣机，让她和秀俄公用，可以在家里工作，同时看看孩子多好。

绢：

三十一日的信收到，爸有爸的想法，别人（每一个人）有别人的想法，都不相同，现实社会就是这样，看不顺眼的多得很。你要在社会上做事，就先要承认这个事实，幻想是搞不通的。不必怨天尤人，尽量想办法，努力与人相处得好是快乐生活的第一个条件。你想教儿童文学、写读书心得是可以的，在他们读过一篇文章之后，你可以先向他们发问……读这篇文章有兴趣吗？什么地方最高兴？什么地方不能了解？或是没有味道？慢慢谈到故事中的各项具体主题，然后叫他把他同你谈过的写出来。写出来后，再指示他什么地方写得不通，或者不通顺，让他自己去整理思想，熟练表现技巧……这样便可以发现写作的兴趣，进步可能会很快的。

一九六〇·六·十

阿嬷一定开心了

亲爱的梅：

七日的信收到，屁股免打了，因为你有充分的理由。不过，我还是希望你们常把生活情况写来告诉我，这是我最大的安慰。忙不开的时候，用明信片简单写几字也可以。我正在盱望着天进的照相。

你们的困难，我是可以想象得到的。带一个婴儿找工作，不仅人家不欢迎，实在要到外面工作，有各种的困难。是不是可以找些缝衣工作，或是手工艺在家里做？我曾听人家说用机器织毛线衣是不错的，如能找到这类工作，可以在家里与姊姊合作，婴儿的照顾也比较方便。祖母一个人留在罗东，我也不放心，叫她搬迁，她又不愿意，最好还是找机会把她骗出来玩几天，想办法把她留下，慢慢让她住惯。我自运动会以来，身体已经恢复正常，放心好了。

亲爱的俄、婵娟、宗能：

你们的信都收到，阿嬷去同你们玩了几天，很好。阿嬷一定开心了，我也很欣慰。

祝

安好

一九六〇·六·十七

我得了第一名

建：

七日、十日两封信和一百元都收到。你既没有什么不愉快的问题，大姊和外孙们又来信谈起你妈去台北同她玩了几天的情形，我很欣慰。只要这样，我定能饱食安眠，把身体锻炼得更好。运动会后，每天游两三百米是我不易的日课，现在不仅蛙式游得很好，自由式也学会了。《人类的故事》写得不错，只因我疏远了三十年，有点生疏，要看两三次才能抓住大意。你们应该维持每天一小时的工夫，才不致要用它时太吃力。台北抚顺街中国邮报社有出一种《华美周刊》，三个月十三期二十元，为维持学习不中断，订一份定期刊物是很有帮助的。你看过了按期寄给素绢、阿碧，叫她们按期看完，随时寄来给我。

杂志随便看过就行了，不必精读，只要按期看过，连续不断，看久了就会熟的。上次欠一张相片是我跑完五千米，在领奖的镜头，臂挟一大包奖品，手拿一面“自强不息”的锦标。有福利社的特赠，是所有奖品中最大包的。这次不便寄，将来带回去给你们看就是了。还有水中寻宝，同年轻人比赛，我得了第一名。

祝

安好

一九六〇·六·十八

人生最要紧的东西

亲爱的碧：

来信收到，你在手工艺方面已发生了兴趣，这次展览会的成品一定做得很不错的吧？

如再要什么样的贝壳，写信来，我将想办法收集一些寄给你。二姊说你近来交了一个很好的朋友，时常互相勉励，对于读书也提高了兴趣，爸很高兴。

绢：

在时常碰壁中，你还坚持职责和理想，我很欣慰。这条路虽然很遥远，弯弯曲曲难走得很，却不必灰心。一分努力一分收获，这句俗语似不能表现实在的情形，我们时常碰百分千分，甚至万分的努力才得到一分收获。路差不多没有一条是直线的，所以需要运用从累积的经验得来的高度智慧，才能走得通。任何困难，只要我们不灰心懒意、有耐心，结果就算失败了，也会加强我们的意志和增加智慧的意外收获，这是人生最要紧的东西。

祝

精神快乐

一九六〇·六·二十五

用实力赶上公公

亲爱的孙儿[①]：

二十日的信和相片二张都收到，我们藉相片已经见面了，这封信可算是见面礼，祝你天天进步。你的两位秘书[②]竟能把你的“咿呀咿呀”，译成这么生动有趣的信，真叫人羡慕。来信拿到手，很多伯伯们便围拢来，抢着看，看了一张抢一张。还有许多抢不到的，都伸长了脖子爬在肩膀上瞧呢！

大家看得津津有味。

公公猜想，一定是你的信唤起了他们甜蜜的回忆，也许还点燃了将来的期望。

可不是吗？你期望很快能够同公公见面，要公公带你去爬山游水，这样的快乐团聚谁不盼望。

好哇，时间过得真快，不久大家都可如愿以偿了。

你叫祖母和大姑妈言归于好，功劳的确不小，还把曾祖母请来就近照顾，让爸妈可以安心工作，叫公公也丢下了一块心

---

① 杨逵的长孙萧天进（萧郁宏）。

② 杨资崩与萧素梅常以天进的名义向爷爷写信报到，所以他们两人就是天进的秘书。

上大石头，这功劳更大。

你得继续逗她开心，让她一刻都离不了你，她便会决心与你们长久同住。这样，你的秘书们便可无后顾之忧，而提起精神来替你做文章了。

爸爸大坏蛋，实在该骂，怎么可以用胡子来刺痛你软软的苹果颊呢！你得严厉警告他一下。如自己懒得修脸，就该请妈妈替他修，要不然呢，叫公公用镰刀像刈茅草一样给他刮胡子，那就不太好受的了。

不过，爸爸曾来信抱怨你爱哭，你也得当心。人家都说婴儿哭叫是一种运动，公公是爱运动的，自然支持你，可是运动是在白天做的呀，怎么可以三更半夜运动起来，吵得爸妈不能睡眠，以致白天没精神工作？逗人笑笑的调皮是可以的，逗人苦恼的调皮可不行，因此小屁股挨打，公公是不能袒护你的啊！

你常常弄脏被垫，是你还没有学会跑厕所，不能怪你。只怪妈妈不买一块尼龙布铺在你的被垫上。没钱买的话，就叫秘书把你这封信推敲一下，誊写寄“中央副刊”，也许可以换来一点钱买。妈既可免洗得不耐烦，你的屁股也就保险不会挨打，题目可用“向公公报到”。

你说你爱看东望西，欣赏一切景物，觉得一切都新奇，很好。继续深入观察，牢牢记在心里，再叫秘书们把它详细记下来。惬意的、不惬意的，都不可忽略。

人的一生，风浪是日常的事，不可能经常逃避在温室里。有的时候在酷寒炎暑狂风暴雨中锻炼自己，培养坚毅的精神和强健的体魄，才不致长大了惊惶失措。

前封信寄去几张相片，是公公参加游泳比赛和跑五千公尺的，公公一直还在水陆两方面力求进步，得到了两项第一名，一项第三名，还有一面“自强不息”的锦标哩。你既学会了翻身，再来学爬、学坐、学走、学跑，用实力来赶上公公吧！

祝

精神快乐

一九六〇·七·一

短简

陶：

做了九本照相簿，将寄八本回去，分发给小孩们吧！

一九六〇·七·七

不可过度辛劳

建：

七月十三日的信收到了，因为你近来的信都太简单，我始终搞不明白你的生活情形。记得你曾说过工作八小时，有相当时间可以看书，现在为什么又要常赶工到半夜呢？身体和学习要紧，不可以过于辛劳。是不是老板又开出了空头支票？这样的亏我们吃得太多了，你在台北当他家教时也已有经验，应该跟他讲现实，才不致再上当。

我虽然容易疲倦，但身体是不错的，放心好了。为利用回去前的这段时间，想把脑子里的这些东西整理一下，正在加紧工作。

现在，你的收支情形怎么样？是不是按月定期领薪？要寄钱最好按月定期寄来，途中遗失时才容易调查。因为船的关系，信的来往，常要费一个多月，很不方便。

我吸烟已减了一半，只因天天吃馒头，没有糖水，吞不下去，每星期要买一斤糖和其他报刊费、邮票、草纸、肥皂、牙膏、笔记本等零用，每月百元就够了。但你的收支如不能平衡，就不必勉强，只要事先告诉我，这些零用是可以调节的。

为履行与妹妹们之约，顺便做了九本照相簿，将寄八本回台中，你们每人都有份。买材料和照几张相，换表的发条，赤字百元。

但这样特别开支将不会再有吧。

你说碧利用暑假当小老师，这样经验一下很好。

祝

安好

一九六〇·七·二十二

练习写些东西吧

梅、萌：

相片三张都收到。天进长得多胖呀！调皮的脸跟萌小时候一模一样，真可爱。

你们秘书们替他写的信也生动有趣，我七月一日已回他一信，寄漳州街[①]，是否收到了？信到时，也许你们已经搬走了吧。

我曾到过石底煤矿住了一个星期[②]，水声潺叫以及其他情景都可以想象出来的。坑外的工作没有危险，在这样地方住一段时间，看看书多思索是不错的。利用时间练习写些东西吧，写些现实的观察（如你们替天进写的信），可以促使观察的深入，也可以把零碎散乱的经验和知识整理成有条理的。为了加深了解人生、处理人生，也很有益处。

祝

好

一九六〇・七・二十六

---

① 杨资崩在台北做木工时住在漳州街。

② 据杨逵说要了解矿工的生活状况，作为写作题裁，曾被派到石底煤矿住了一个星期。

别期望空头支票

建：

七月二十一日的信与一百元都收到，如你们领薪日期是一定的，最好也按月一定日期寄来比较方便。

工作有时忙一点当然没有关系，但如你所说那样经常的忙，甚至于赶不完，那恐怕会影响学习与健康，你应同老板讲明白。不要期望他的空头支票。

据报八一水灾相当严重，家里情形怎么样[①]？这里没有什么。

祝

好

一九六〇·八·六

① 继一九五九年八七水灾的第二年，在中部又发生了八一水灾，还好家中并没有受到太大的损失，但台中市街却水深四五十公分。

公公永不想偷懒

天进：

七月二十二日的信收到，你天天都有进步，公公很欣慰。八一、八七两次台风，据无线电广播都相当厉害，你们受惊了吧？情形怎么样？这里虽也有警报，也提防了，却没有到这里来。

三星期前，公公又患了感冒，自本年四月以来，不满五个月，中间已经三次，每次两三星期，算起来占了我一半时间，真伤脑筋。

这次医生给我检查小便，发现是“肝的机能衰弱”。这虽不算是病，但可能是常感疲乏和容易感冒的原因。公公有很多事情要做，永不想偷懒的，但肝却偷起懒来了，真叫我没有办法。医生给我开了两种药，相当贵，又要经常吃，要间断实在不好办。

每次断了烟而开始哈欠的时候，公公便想起你那两只鸡腿。要是公公有一只既甜蜜又可解瘾，而永远吃不光的鸡腿，那多好呀！

祝

平安快乐

一九六〇·八·十二

培养理性，克制冲动

碧：

七月十七日与八月二日的信都收到，这次台风家里却平安无事，很欣慰。

这里我们得到警报之后，虽然严加戒备，台风却吓跑了。你利用暑假做了托儿所的小老师，好像受了很大的气，但这是一次宝贵的经验。与人相处是社会生活起码的条件，无论与老的幼的或是同年辈的，一般习性与脾气都不大相同，要在其中相处得好相当困难的。虽困难，却也是人生逃不掉的事情，所以要想得到永久的快乐，就必须耐心学习怎样与人相处。

你说作业太多，没有充分时间温习学校的课，慢慢来吧！学习是一辈子的，不必太急，填鸭式的没有用。

绢：

又好久没有来信了。天进来信也说你没有回他的信，很失望。

人固然是感情的动物，但如果不好好培养理性来克制冲动，那将是自讨苦恼的。你曾说你觉得举目无亲，却对同你最亲热的爸爸与侄儿的信置之不理，自己弃绝，这是何道理呢？我一向所关心的就是你们的平安和快乐。但为获得永久的快乐，由冲动所要的东西可以暂时克制，一时的困难也应该忍受的。你专爱看动情的小说，也许是造成你这样任性感情冲动的原因，暂时下苦功夫做一些培养理性的工作，如把翻译专心贯注做一段时间，对于你也许是有益的。

陶：

照相簿收到了没有？红绒布如未寄来，不要寄了。

强力胖锭或胖多锭（强肝药）买二瓶寄来。

祝

安好

一九六〇·八·十二

我们的少年将会爱它

建：

这次感冒拖了一个多月，情绪非常不好，这是头一次的经验。四月以来不到五个月中间，已经感冒三次，占了我将近一半的时间，显然的，这不是单纯的感冒。

最近医生给我检查了小便，才发现是“肝的机能衰弱”，算找到了常感疲乏和容易感冒的原因。

最近有一位雾峰的朋友，开始不知道病因，到病重了知道是肝病时，已经无救了。医生说我的很轻，提早医治的话是一点危险都没有的，放心好了。

近来你不能按月寄钱，个半月才寄一次，我可以猜想你的收支情形是不理想的。但我想，我是可以想办法的。只剩下七个月，再勉强一下很快就到了，多一点负债也是有限的，只要保持健康回去的话，再多的负债也是没有问题的。

《人类的故事》我大概看过一次了，觉得相当有趣，正着手翻译。只要情绪好转，回去以前一定可以译完，回去后，再找些东方的史例充实一下的话，我们的少年将会爱上读它的。

你的工作如一直那么繁忙，就请老板添人分担，如工作时间太长，也应该请他采轮班制。不能因为是有趣的工作，就经常做到三更半夜，这样会把身体累坏的。忙得没有时间看书也是不行的。

祝

安好

LIPO-OHOL（利保康）总合强肝药一瓶，“强力胖锭”“胖多锭”各一瓶。价钱顺便写来，以便再要时做参考。

一九六〇·八·二十

你们都好吗

建：

一连几次的台风，交通断绝了，好久没有接到来信，你们都好吗？

我的肝衰弱，借来胖多片吃，又借肝精针药打了之后，已经好转，放心好了。

医生说，暂时可以继续用这两种药；前信告诉你的其他两种暂不必寄。

先寄胖多片四百粒，肝精一瓶就好。

一九六〇·八·二十六

暂时忍受一下穷吧

建：

来信两封和两百元都收到了，以后每月百元就够了。

大哥到煤矿工作以后，精神上、物质上都安定得多了，不久将会分担一点家里的责任，暂时忍受一下穷吧。

据说，家旁酱油工厂附近的地价已经涨到每平两千元[①]，卖地事不必太急而吃亏。

借来的“胖多片”，已经吃了十多天。“肝精”打了三针，经过很不错。医生吩咐胖多片要继续吃半年，每天两片。看你的情形，分期寄可以，只要能接得上就可以。“肝精”大概打完一瓶（十针）就够的，寄一瓶来还给人家就行。借来的胖多片是纸装的（他说瓶装的不好），如已买了，另买十张（八十粒）以便还给人家。慢慢地可以，不必太急。看这几天的经过，我有信心很快就可以复原的，放心好了。

《人类的故事》的翻译颇顺利。大概可以在预定期内完成。

---

① 当时杨建的月薪为一千二百元。

你的工作不必过分勉强。健康第一。

祝

安好

一九六〇・九・二

明年四月我就回去

碧：

八月二十五日的信收到了。你说不愿意再读这学校，是的，可能它有很多不能叫人满意的地方。要是有一所比较好的学校，你想转学，爸爸是赞成的。可是，现在并没有这样的目标，转学考试之期又过去了，如果现在就停下来待在家里，对于你的学业是不大好的。要不是有什么不得了的事情，我希望你忍耐一下继续读到我回去。下课后好好准备明年的转学考试。明年四月，我回去后一定能帮你找一所你有兴趣的较好的学校。明年再说好吗？

一九六〇・九・九

做事不能心性不定

建：

九月十一日的信收到，七月中一百元、八月中两百元及药品四种都收到了。经过很好，我相信不久就可以恢复正常，放心好了。医生说：等下个月再检查一次看看，是否需要什么药再说。

每月二十一日寄一百元，够用了，我想不会再有什么特别开支的。

你的生活与工作都好，我很欣慰。但大哥的心性不定，做事不能耐心持久，东奔西走，真伤脑筋的。也罢，等半年我回去后再想办法。他说已寄胖多片二百五十粒来，大概近日可以收到，这样够用了，不要再寄了。

我大概在十二月底最迟正月中，就可以拿到保单，请妈找一个保人提早告诉我，免得到时匆匆忙忙办不好（一共两人，家人可以一个）。

祝

安好

一九六〇・九・十五

下次中秋热闹一番

建：

来信邮包都收到了。胖多片已吃了一个多月，Comhex 也打了五针，还有葡萄糖，等等，经过[①]很不错。幸亏早期发现，能够早期治疗，我相信很快就会复原的，放心好了。

寄来的四种药，我已开始按期吃用，到了十月中旬再检查一下，看经过如何，是否再要，要什么药，再告诉你。要还给人家的胖多片，等那个时候一块寄来就行。我没有要的药，不要买，买了寄来如不合用就浪费啦。因为交通不便，我会提早告诉你的，有些临时要用的，这里可以借到，也可以买到，放心好了。

中秋快要到了，大姊、大哥都要回家，我想你也会回去团聚的。这次很抱歉，但下一次中秋，我就可以参加热闹一番。

祝

你们快乐

---

① 原文如此，意为结果——编者注

阿碧说不愿再读她的学校，如不是什么不得了的原因，劝她忍耐，继续读到我回去。那个时候，我一定能帮她准备转学考试，让她选择一所她感兴趣较好的学校。现在就停学待在家里是不好的。

一九六〇·九·十六

公公的烟囱又冒烟了

天进：

你的第三封信已经收到，从这里不仅可以看到你天天进步的情形，也可以看出秘书们的显著进步，公公高兴极了。

你爱吃饼干，我们这里常有自制的蛋糕，做得很好，本想寄几块给你尝尝的，只因为交通不便，常要耽误时间很久，恐怕会吃坏了肚子，不寄了。还是请妈喂些鸡鸭生蛋，做新鲜的给你吃吧。

一百元收到了，公公的烟囱又冒烟了，便有帮助工作效率。公公正在翻译一本《人类的故事》，为想在回去以前译完，正在赶工呢。这本五百多页的故事是叔叔寄到的，相当有趣，译完后，请秘书们念给你听好了。

公公的肝衰弱，吃药打针之后已有好转，药，叔叔会继续寄来的，相信很快可以恢复，放心好了。

你的眼界天天扩大，写信的内容也将会愈来愈丰富，越有趣，这不仅是公公期望看到的，也会培养你和秘书们的观察力和表现力，对于你们的学习很有益处的。

至于你学走步，实在太早。你的骨髓还没有长坚实，是很软的，身体又胖，负重过度的话，会把腿压弯的。凡事要适度，过度的飞跃就有危险。

请你的秘书们，把来信的底稿都保存起来。这是你宝贵的生长记录，等你长大了，学会自己念它的时候，一定是滋味无穷的，而且将来可以集成一本很有趣的书。最近台北出版一本《二哥》①，是一个侨居日本的十岁朝鲜小姐的日记，我看过了，觉得相当有趣。爸妈是否看过了？请他们念给你听听吧。

祝

好

一九六〇·九·二十

① 此书是韩国女孩安本末子的日记。

身体不久就会恢复

亲爱的建：

九月十一日的信收到。七月中一百元、八月中两百元及药品四种也都收到了。经过很好，我相信不久就会恢复的，放心好了。医生说：下月中再检查一下，看看是否需要什么药再说。

每月二十一日寄一百元，够用了。如这样顺利下去，我想，不会有什么特别开支的。

大哥心性不定，什么事都不能耐心持久地做下去，东奔西走，真伤脑筋。也罢，半年后，我回去可以想办法。他说已寄胖多片二百五十粒，大概近日可以收到。这样够了，不要再寄了。

我大概在十二月底，最迟正月中就可以拿到保单，请妈妈提早找一位保人，免得到时匆匆忙忙。最好是住在台中市警察管内的。家人可以一个（一共二人），妈也可以，素绢也可以。

祝

安好

一九六〇·九·二十四

生活已恢复正常

建：

九月一日寄来的药品四种，十六日的胖多片二百五十粒及二十日的一百元都收到了。这药可以用到过年了，是否要别的药，等检查后，听医生的指示。

吃药以前，好像力气都没有了，早晚的体操和中午的游泳都懒得做，那个时候实在有一点着急了。但是半个月来，生活已经恢复正常，轻轻的体操和游泳并不觉得太累，我相信很快就会恢复的，放心好了。

这两三个月来，给你的负担太重了，已花掉你整月的薪水，你的生活恐怕要受到严重的影响吧！看经过这样的好，以后可能不要再买药了吧！

祝

安好

一九六〇・十・一

不能一下子飞上天

天进：

二十日的信收到。你真不负公公的期望，天天进步，公公高兴极了。进步是一点一滴的，不能一下子飞上天，还是足踏实地，一步一步，来得确实可靠。

你爸爸的脾气就是有一点不耐烦一步、一步走的，一下子就要跳上天，看不过一点一滴的进步，这是相当冒险的，常叫我担心。

你的信，我自然会给你保存着。不过，要回去时东西太多是很麻烦的，是否能够给你带回去，可没把握。

还是叫你的秘书们，用笔记本抄存起来吧。等你长大了，自己能看得懂的时候，这些你的生长记录，一定是很有味道的。

一两个月前，公公因肝衰弱，以致早晚的体操和中午的游泳都懒得做，实在有一点着急了。自从吃叔叔寄来的药以后，经过很好，差不多快要恢复正常了，轻轻的体操和游泳已经不会觉得太累了。明年一定可以完全复原，以跑五千公尺的精神，带你去爬山游泳的，放心好了。你爸爸由高雄寄来的信和胖多片二百五十粒都收到了。

祝

安好

一九六〇・十・一

穷是不必畏惧的

建：

十四、十八日两封信都收到，是的，只要不致穷到不能保持健康，或者因自卑感而心灰意冷，穷是不必畏惧的。我们的穷不是因为无能、偷懒，也不是浪费，其实是可以心安理得的。你已对这问题有充分的了解，而坚定了信心，是我所最高兴的。

身体检查的结果，证实了肝的机能确已改善，不需再寄别的药品了。克劳酸可以吃到十一月底，而胖多片可以吃到二月底。到那个时候是否需要继续吃，请教医生之后再告诉你。

现在的情形比吃药前实在好得多了。那个时候，体重减到四十六公斤，早晚的体操手都提不起来，不仅游泳不敢，连在炎热天洗澡都会觉得怕水怕风的。现在体重恢复四十八公斤，差正常虽还有二公斤，元气已经恢复了，早晚体操、游泳正常可以做了。最显著的是，过去每次流行感冒都有我的份，而且是染得最早，恢复得最慢的，最近的一次，几乎队上半数以上都染上了，我却安然无恙。是的，身体是我们唯一的本钱，我经常在小心疗养，相信能以完善的身体回去见你们，同你们协同工作，放心好了。

妹妹的心情我可以了解，我只怕上学中断了而待在家里，是不是会影响她继续学习的兴趣?

你的祝寿，我很高兴接受了。当天有一位朋友抓了几斤田鸡，我们便买了几把面线、一瓶美酒，开了一次盛宴，过得非常快乐。下次当然可以同你们团圆，享受这样的盛宴。

祝

安好

一九六〇·十·二十八

一次失败一次巧

天进：

十一月六日的信收到了，这一次你谈起了你患病的经过，爸妈都很细心为你看护，你也耐心吃药，忍痛打针，得以很快痊愈了，公公很欣慰。

人类自其万万代太祖阿米巴开始在地球上活动以来，亿万万年，一直都是与艰难灾厄搏斗，战胜了风雨、猛兽、毒虫、病菌而进化的，你这次碰到的试炼，一定可以使你长得更坚强，更聪慧。就是地球上有风雨、猛兽，人类才会发明了可以安居的房屋。你这次病了，虽然吃了一顿苦，但对于防病与治病，你和爸妈们一定也得到了不少宝贵的经验。只要认真接受失败的教训，而把它当作将来生活的指针的话，一切艰难困苦都没有可怕的，"一次失败一次巧"——唯有永远不灰心的人才能了解这一句话的真意义。

公公的肝机能，吃药、打针之后已改善很多，现在不再偷懒了。早晚的体操和中午的游泳，都恢复正常了。再等四个月就可以带你去爬山游泳，你高兴吗？

祝你和祖母、秘书们

平安快乐

一九六〇·十一·十八

附录

信中提到的农场。杨逵一家租用土地经营农场，正积极规划、用力实践美丽愿景之时，却突然被捕。其妻叶陶带着子女继续种花营生。

父亲杨逵

父亲信中各位亲爱的家人。前从左至右为亲爱的碧、陶；
后从左至右为亲爱的建、崩、绢。此图摄于1953年。

父亲不在的艰难岁月，相互扶持的一家人。

运动会的马拉松项目，是父亲信中重大的事件之一。杨逵在绿岛期间持续参加马拉松比赛，他从最后一名不断超越自己，因而体会出马拉松的精神。

劳动，自给自足，是父亲一直以来的信念。

绿岛上的团聚。图从左到右为，杨碧、叶陶、杨逵、杨素绢。

长子杨资崩新婚照

长子杨资崩（前排右二）与其妻萧素梅（前排左二）

1961年4月6日，杨逵刑满，同年5月，叶陶当选为模范母亲。这位妈妈在丈夫服刑期间，独自挑起养家重任，以卖花为生。

家人终于团聚。中间老人为儿媳萧素梅的祖母，她怀中就是长孙天进。

刚获自由的杨逵与妻儿在台中公园。

一九八O年代的杨逵。

图书在版编目（CIP）数据
绿岛家书／杨逵著. —北京：中国工人出版社，2018.12
ISBN 978-7-5008-7097-5
Ⅰ.①绿… Ⅱ.①杨… Ⅲ.①杨逵（1905-1985）-书信集 Ⅳ.①K825.6
中国版本图书馆CIP数据核字（2018）第284466号

智识 ｜ 趣味 ｜ 无用之魅

著作权合同登记号：图字 01-2017-6774

绿岛家书

出 版 人　王娇萍
责任编辑　宋　杨
责任校对　董春娜
责任印制　黄　丽
出版发行　中国工人出版社
地　　址　北京市东城区鼓楼外大街45号 邮编：100120
网　　址　http://www.wp-china.com
电　　话　（010）62005043（总编室）（010）62005039（印制管理中心）
　　　　　（010）62379038（社科文艺分社）
发行热线　（010）62005049　（010）62005042（传真）
经　　销　各地书店
印　　刷　三河市东方印刷有限公司
开　　本　880毫米×1230毫米　1/32
印　　张　8.125
字　　数　120千字
版　　次　2019年5月第1版　2019年5月第1次印刷
定　　价　52.00元